DESLIGUE O SEU TRABALHO E LIGUE A SUA VIDA

DESLIGUE O SEU TRABALHO E LIGUE A SUA VIDA

BRYAN E. ROBINSON, Ph.D.

UM GUIA MENSAL PARA MUDAR A SUA ROTINA

Tradução
Laura Folgueira

Rio de Janeiro, 2019

Copyright © 2019 by Bryan E. Robinson, Ph.D. All rights reserved.
Título original: #Chill: Turn Off Your Job and Turn On Your Life

Todos os direitos desta publicação são reservados à
Casa dos Livros Editora LTDA. Nenhuma parte desta obra pode ser
apropriada e estocada em sistema de banco de dados ou processo similar,
em qualquer forma ou ameio, seja eletrônico, de fotocópia, gravação etc.,
sem a permissão do detentor do copyright.

Diretora editorial: *Raquel Cozer*
Gerente editorial: *Alice Mello*
Editor: *Ulisses Teixeira*
Copidesque: *Marcela Isensee*
Liberação de original: *Marina Góes*
Revisão: *Bárbara Prince*
Diagramação: *Abreu's System*
Capa: *Guilherme Peres*

CIP-Brasil. Catalogação na Publicação
Sindicato Nacional dos Editores de Livros, RJ

R555d
  Robinson, Bryan E.
    Desligue seu trabalho e ligue a sua vida / Bryan E. Robinson; tradução Laura Folgueira. – 1. ed. – Rio de Janeiro: Harper Collins, 2019.
    304 p.

    Tradução de: #Chill: turn off your job and turn on your life
    ISBN 9788595085046

    1. Meditação. 2. Trabalhadores compulsivo. 3. Administração do stress. 4. Qualidade de vida. I. Folgueira, Laura. II. Título.

19-59701   CDD: 158.12
                                            CDU: 159.95

Leandra Felix da Cruz – Bibliotecária – CRB-7/6135

Os pontos de vista desta obra são de responsabilidade de seu autor, não refletindo necessariamente a posição da HarperCollins Brasil, da HarperCollins Publishers ou de sua equipe editorial.

HarperCollins Brasil é uma marca licenciada à Casa dos Livros Editora LTDA.
Todos os direitos reservados à Casa dos Livros Editora LTDA.
Rua da Quitanda, 86, sala 218 — Centro
Rio de Janeiro, RJ — CEP 20091-005
Tel.: (21) 3175-1030
www.harpercollins.com.br

Para meu marido Jamey McCullers,
amor da minha vida e meu calmante favorito

SUMÁRIO

Introdução	9
Janeiro: novos começos	15
Fevereiro: linguagem do coração e compaixão	39
Março: abrir mão e se entregar	59
Abril: consciência receptiva	79
Maio: assumindo suas cagadas	105
Junho: iluminação	125
Julho: humildade	145
Agosto: admitindo os danos	167
Setembro: peça desculpas e perdoe	187
Outubro: continuidade e o novo normal	209
Novembro: conexões conscientes intensificadas	225
Dezembro: ótimo trabalho	245
366 relaxamentos	265
Comentários de despedida	297
Agradecimentos	299

INTRODUÇÃO

No início do ensino fundamental, o período que eu mais detestava era o recesso. Quando uma professora esquecia de passar a lição de casa para as férias de Natal, eu era aquele que levantava a mão e a lembrava. No ensino médio, escrevi, dirigi e produzi a peça de Natal da igreja, desenhando e construindo os cenários e atuando no papel principal como José. Fazer *tudo* me dava uma sensação de controle que não existia em minha família caótica, na qual brigas violentas entre minha mãe e meu pai eram ocorrências comuns.

No auge de meu vício em trabalho, já adulto, eu precisava do meu trabalho – e o escondia dos outros – da forma como meu pai alcoólatra precisava de seu uísque e o escondia. E, assim como quando criança eu tentava controlar sua bebedeira jogando fora o álcool e enchendo a garrafa com vinagre, as pessoas que me amavam imploravam e arrancavam os cabelos tentando me impedir de trabalhar o tempo todo.

Todo verão, logo antes de sairmos de férias, meu marido, Jamey, vasculhava minhas malas e confiscava qualquer trabalho que eu estivesse planejando contrabandear para nossa casa de praia alugada na orla da Carolina do Sul. Mas não importava quão cuidadosa fosse a busca, Jamey nunca via os pequenos papéis dobrados cheios de anotações de trabalho que eu enfiava nos bolsos da calça jeans.

Quando ele e nossos amigos mais próximos me convidavam para dar um passeio na praia, eu dizia que estava cansado e queria tirar uma soneca. Enquanto eles estavam nadando e se divertindo no mar, eu secretamente trabalhava na casa vazia, debruçado numa tábua improvisada como mesa. Ao ouvir o som dos passos voltando, eu enfiava os papéis de volta na calça, escondia a tábua e me esticava na cama, fingindo dormir.

Apenas em retrospecto consigo ver que eu era viciado em trabalho, um workaholic. O trabalho era meu santuário – minha fonte de estabilidade, autoestima e proteção contra as incertezas da vida. Eu trabalhava muito, sim, mas usava o trabalho para me defender contra estados emocionais indesejados – para regular a ansiedade, a tristeza e a frustração. Jamey reclamava de eu nunca estar em casa – e de que, quando estava, não prestava atenção nele –, mas meus colegas da universidade me chamavam de responsável e cuidadoso. Cheguei até a trabalhar durante a maior parte do dia do funeral do meu pai. Enquanto minha mãe e minhas irmãs confraternizavam com antigos vizinhos, eu estava no meu escritório da universidade, a 40 quilômetros de distância, trabalhando num projeto tão insignificante que eu já não lembro o que era. Jamey me chamava de controlador, inflexível e incapaz de estar presente – mas as promoções, os elogios e os contracheques gordos eram sempre argumentos muito fortes contra as acusações dele. Eu os usava para ofendê-lo: *por que ele não fazia a parte dele? Por que não podia me apoiar mais? Por que estava constantemente me perturbando com problemas que atrapalhavam minha carreira?* Minha vida estava desmoronando e eu não conseguia fazer nada para resolver. Ou era o que eu achava. Eu não sorria. Não comia. Não me importava se ia viver ou morrer. Mesmo com meu primeiro livro publicado e outros grandes projetos em andamento, eu era um viciado em trabalho fumando um cigarro atrás do outro e bebendo café, assolado pelas inseguranças. Eu não tinha amigos próximos. Minha memória ficou tão ruim que meus familiares se perguntaram se eu estava ficando com Alzheimer precoce. Eu me irritava com colegas e eles se irritavam de volta. Eu não conseguia parar de trabalhar.

Quando comecei uma consultoria para "ajudar Jamey com o problema dele", o terapeuta me confrontou sobre meu vício em trabalho e meu desequilíbrio entre vida profissional e pessoal. Entrei para o Workaholics Anônimos, comecei a terapia e encontrei sem querer a ioga e a meditação. Mas o que acabou me livrando do suplício foi a prática de meditação mindfulness – atenção, no momento presente, aos meus sentimentos, e uma conexão compassiva e não julgadora comigo mesmo. A prática me ajudou a sair do estupor do trabalho para uma vida mais sã. E Jamey e eu começamos a compreender a rachadura na base do nosso relacionamento.

Passei a ver minha vida com novos olhos, observando Jamey cuidar de suas orquídeas e percebendo a sabedoria contida no prazer que eu sentia simplesmente trabalhando no jardim. Quando comecei a relaxar, para minha surpresa, descobri quanto gostava do cheiro de grama cortada, da visão de um beija-flor polinizando uma flor, da sensação da terra quente entre meus dedos e das conversas com vizinhos.

Agora, em vez de passar os sábados no meu escritório no porão, fico ansioso pelos fins de semana de jardinagem, vendas de garagem e programas à tarde com Jamey. Quando saímos de férias, não finjo mais que estou tirando uma soneca. Eu pesco na doca, caminho pela orla e mergulho no mar. Aprender a prestar atenção no momento presente me permitiu desfrutar e saborear minha vida tanto quanto eu costumava saborear meu infinito trabalho.

Desligue
o seu trabalho
e ligue a sua vida

JANEIRO

Eu não precisava usar drogas, porque minha corrente sanguínea estava fabricando minha própria metanfetamina.

— MEMBRO DO WORKAHOLICS ANÔNIMOS

NOVOS COMEÇOS

Há muitos benefícios em viver uma vida mais relaxada. Que momento melhor para reavaliar e reiniciar do que janeiro – o início de um novo ano, com infinitas possibilidades? Janeiro recebe o nome de *Janus*, deus romano de portas e portais. Há muitas portas e portais de partidas. E cada começo está em um lugar diferente, o que levanta a questão: é possível estar em nenhum lugar além de *exatamente* onde se está? Ou você se compara com os outros e sussurra por dentro que deveria estar mais avançado na construção de uma vida relaxada? O importante é começar o ano em seu próprio portal. Trabalhar sem parar faz com que a gente se perca em preocupações, estresse e expectativa, impedindo-nos de ver todas as possibilidades da vida. Você está preparado para admitir que o trabalho constante deixou a sua vida em farrapos e que você não tem controle sobre toda uma gama de fatores e condições? Está pronto para começar a explorar a partir de onde está, para trazer mais equilíbrio à sua vida com mais tempo para relaxar? Está disposto a deixar de lado julgamentos, expectativas e ideias preconcebidas e conduzir sua vida com novos olhos?

No budismo, isso é chamado de mindfulness correto: acordar de uma vida no automático e obter consciência completa do momento presente. Que melhor momento para começar o mindfulness correto do que com uma "mente de iniciante" – uma forma expansiva de estar no mundo, que abre a você infinitas oportunidades de crescimento?

Duas cabeças com a parte de trás encostadas uma na outra simbolizam o deus romano Janus, representando que ele está olhando ao mesmo tempo para trás e para a frente. Neste capítulo, você tem a chance de avaliar sua vida em retrospecto e ver que trabalhar demais a tornou impossível de gerenciar. Olhando para a frente, você contempla formas de começar de novo e construir a base da sua vida em torno do que é mais importante e deixá-la mais controlável. Torna-se consciente do que negligenciou e do que precisa de atenção para dar mais equilíbrio ao ano novo: talvez um relacionamento instável, um estilo de vida mais saudável, hábitos de trabalho melhores, um ritmo mais lento ou um olhar mais positivo em geral.

CONSTRUA SEUS ANDAIMES

Seus hábitos de workaholic são como um velho prédio que precisa ser reformado para aguentar desgastes futuros. Enquanto faz o trabalho de reparação, você precisa de andaimes temporários – uma prancha de madeira na qual pisar e traves de metal em que se apoiar – até seu alicerce ficar estável.

Comece encontrando um lugar tranquilo para se sentar durante cinco minutos. Com os olhos fechados, pergunte-se silenciosamente se tem estruturas suficientes para criar novos começos: um plano de cuidados com você mesmo? Reuniões do Workaholics Anônimos? Um terapeuta? Meditações diárias?

Se não considerou novos andaimes, contemple que tipo de apoio pode trazer-lhe mais equilíbrio no novo ano. As estratégias com as quais você começar, assim como acontece com os andaimes físicos, serão removidas pouco a pouco conforme você desenvolver mais vigor para sustentar por si só um equilíbrio entre vida pessoal e profissional.

ACEITE SUAS FALHAS

Se alguém lhe pedisse para fazer uma lista dos seus defeitos de personalidade, talvez ela ficasse bem grande. É muito fácil ver nossas imperfeições e muito difícil ver nosso valor. Quando tendemos a ver as minúsculas falhas individuais em vez de uma superfície brilhante geral, o sucesso acaba dando a sensação de fracasso.

Nada que seja realmente belo é perfeito. Uma falha é a marca de um ser humano imperfeito. Como todos nós, que somos falhos, você é um ser humano imperfeito fazendo o melhor que pode – mas entender isso exige uma mudança de pensamento.

Pergunte a si mesmo do que você precisa para abraçar seus defeitos, para se dar crédito por suas conquistas. Depois, imagine que está colocando os braços ao redor de suas partes falhas, aceitando as coisas que você não é capaz de mudar e mudando as que é capaz.

DESLIGUE O PILOTO AUTOMÁTICO

É provável que você tenha vivido sua vida no piloto automático – sem estar sintonizado com seus arredores ou consigo mesmo. Talvez você comece a produzir assim que acorda e se irrite porque não há horas suficientes num dia.

Quando você trabalha freneticamente num projeto, achando que o chefe não vai gostar do produto final ou sonhando com o fim de semana que se aproxima, está praticando mindlessness, o oposto da atenção plena. A prática de mindfulness – a pacífica consciência observadora de tudo o que você faz – o tira do piloto automático. Você pode, então, se sintonizar com o que está ao seu redor de forma calma e compassiva, e se concentrar no que está acontecendo agora. Seja capinar o jardim ou preparar o jantar, cultivar o mindfulness em suas atividades diárias, em vez de colocar foco intenso na conclusão da tarefa, enriquece a vida.

EVITE OS "BARATOS" DE TRABALHO

O vício em trabalho já foi chamado de cocaína deste século. Semanas de sessenta, oitenta, até cem horas são comuns em grandes escritórios de advocacia e corporações. Workaholics aceitam mais tarefas do que é possível completar, dando duro o tempo todo para equilibrar muitas bolas no ar e correndo para cumprir prazos apertados. Muitos viram a noite, dormindo sem trocar de roupa depois de se embebedar de trabalho.

Os baratos acontecem em um ciclo de maratonas de trabalho cheias de adrenalina. Alguns dizem que a onda pulsando em suas veias é um estimulante mais forte que qualquer outra droga. Com o tempo, se você é workaholic, precisará de doses maiores para manter o barato original. E aí, você se estressa e também os que estão ao seu redor tentando chegar ao próximo barato. Desacelerar pode ser um grande estraga-prazeres, mas a recompensa é um tipo mais profundo e satisfatório de barato conhecido como #relaxamento.

Quando sua vida se torna ingovernável, você precisa fazer uma avaliação honesta do desequilíbrio entre vida pessoal e profissional. Começando agora, pergunte a si mesmo: quais mudanças saudáveis você poderia fazer para criar mais equilíbrio em sua vida?

DÊ UM PASSO DE CADA VEZ

Independentemente do quanto sua carga horária seja desafiadora, você pode encontrar conforto na frase "um passo de cada vez". Quando os pesos da vida são demais para carregar, quando você está lutando com a indecisão e com responsabilidades demais, essa frase poderosa ajuda a navegar no mar de exigências profissionais e familiares, pressões autoimpostas e turbilhões emocionais.

Outra frase importante é a *festina lente*, latim para "apressa-te devagar" – mova-se cuidadosamente e passo a passo no trabalho, no amor e no lazer. A maioria dos problemas existe no ontem ou no amanhã. Mas o ontem já acabou e o amanhã não está aqui. Você só tem este momento. Só precisa cuidar das coisas que exigem resolução agora. Amanhã você pode lidar com o amanhã.

PRATIQUE A ESCUTA PROFUNDA

Talvez haja momentos em que você esteja fora do corpo e não escute porque está em outro lugar. Você faz alguma coisa para não ser obrigado a olhar profundamente para dentro de si? Termina as frases alheias para apressar uma conversa? Fica tão focado em vencer uma discussão que não ouve o outro? Ou, na sua cabeça, já está de volta ao trabalho, terminando aquele relatório na sua mesa?

A escuta profunda acontece quando as duas partes estão dispostas a se comunicar sobre problemas e preocupações. As duas buscam uma conexão harmônica por meio da empatia e do respeito pelo ponto de vista alheio – sem crítica, apenas amor e compaixão.

Como é o seu desempenho na escuta profunda? Há táticas específicas que pode usar para melhorar suas habilidades de escuta no trabalho, em casa e em momentos de lazer? Por exemplo, em vez de pensar no que quer dizer em seguida ou direcionar a conversa para o seu ponto de vista, tente se engajar completamente no que a outra pessoa diz e sente. Faça contato visual direto, não dê conselhos a não ser que lhe peçam e reflita sobre o que ouviu com empatia, transmitindo o que você imagina que o outro deve estar sentindo. E, mais importante, fique mentalmente sintonizado com seu corpo no momento presente, em vez de voltar para sua mesa de trabalho.

CUIDADO COM FALSAS AMEAÇAS

A Mãe Natureza programou o ser humano para prestar mais atenção a ameaças e, assim, poder sobreviver. Se você é workaholic, tem uma tendência dupla a trabalhar no modo lutar ou fugir. Você prevê resultados negativos sobre o futuro sem embasamento – mesmo quando há evidências contrárias. Em outras palavras, transforma situações neutras ou positivas em negativas.

Esse tipo de pensamento distorcido – chamado *adivinhação* – não é uma fonte de informação confiável. Para reduzir essa visão estressante, comece a usar sua mente em vez de deixar que ela abuse de você.

O primeiro passo é se pegar fazendo previsões negativas e perguntar a si mesmo se há evidências. Encontrar provas antes de chegar a conclusões precipitadas economiza muito tempo, além de lhe poupar de preocupações desnecessárias e autodepreciação. Dedicando-se à prática, você começa a notar uma diferença em sua capacidade de pensar e sentir de forma mais positiva.

EMPODERE-SE

Quem você empoderou para controlar sua vida profissional? Quem você permite que julgue se seu esforço é adequado? Quando você diz a si mesmo que necessita de mais horas no dia, que deveria, que precisa ou que não pode, se torna vítima da situação. Você não está à mercê do mercado de trabalho. Só acha que está. É essencial chegar a um lugar dentro de si em que a correria frenética, as ondas de adrenalina e a fadiga já não sejam normais. Por mais que você esteja estressado e o trabalho seja avassalador, você sempre tem a liberdade de escolher como reagir a situações difíceis. E as demandas de trabalho não podem lhe tirar essa liberdade, a não ser que você permita.

Aqui estão algumas ideias para empoderamento diário:

- Em vez de reagir imediatamente a e-mails não urgentes, mas difíceis, respire fundo, levante de sua mesa e se dê de presente uma breve caminhada ou sua bebida favorita.
- Quando receber más notícias, concentre-se no lado bom do que é ruim. "Tenho de pagar uma fortuna em impostos" vira "Ganhei mais dinheiro este ano do que nunca".
- Quando estiver sob pressão, mentalize com detalhes vívidos uma época em que você tenha lidado com um desafio com confiança e coragem e note seus músculos relaxando, sua frequência cardíaca baixando e sua respiração desacelerando.

LOCALIZE OPORTUNIDADES

Quando estamos estressados, nossa mente mira a ameaça negativa, em vez de buscar uma oportunidade positiva dentro do problema. Se você está procurando uma solução para uma crise, suas emoções o mantêm focado no problema. Sem perceber, você bloqueia a oportunidade.

A positividade o leva na direção de mais possibilidades, automaticamente acabando com o estresse no trabalho. Um pensamento positivo amplia sua visão de mundo, muda seu olhar e permite que você absorva mais informações e chegue a soluções melhores.

Para localizar oportunidades contidas em situações negativas, tente perguntar: "Como posso fazer essa situação trabalhar a meu favor?" ou "O que posso resolver, aprender ou superar neste momento?"

PARE DE PROCURAR CULPADOS

Quantas vezes você culpa os outros por seus defeitos ou mau humor? Quando as coisas não saírem como o planejado, tente olhar bem fundo dentro de si e buscar os motivos reais.

Não importa com que frequência você culpe os outros, isso não vai mudar o que torna você infeliz. O que a culpa faz, principalmente, é distraí-lo para não olhar honestamente para si, enquanto busca motivos externos para explicar seu descontentamento.

Cada vez que culpa seus colegas de trabalho ou familiares por suas frustrações ou seus fracassos profissionais, você se impede de curar seu vício em trabalho. Olhar mais profundamente para si com compaixão e se comprometer a ser responsável por suas ações o leva da adolescência para a maturidade no trabalho.

AFASTE A TENDÊNCIA À NEGATIVIDADE

Os cientistas dizem que todos somos suscetíveis a uma tendência à negatividade que nos faz superestimar os obstáculos da vida e subestimar nossa habilidade de superá-los. Quando se está constantemente em modo de sobrevivência, não é de se espantar que seja um desafio conseguir o equilíbrio entre vida pessoal e profissional!

Mas também há boas notícias. O segredo é subestimar os desafios e superestimar sua habilidade de lidar com eles. Os cientistas dizem que são necessários três pensamentos positivos para contrabalançar um negativo. Com um pouco de prática, você pode afastar a negatividade instintiva de sua mente e ativar sua reação contrária a de "fuga ou luta". É hora de olhar para as demandas profissionais como uma aventura a experimentar e de considerar os contratempos como lições com as quais aprender, em vez de fracassos para suportar.

ACEITE O TALVEZ

As coisas nem sempre vão como o planejado. A vida vai descarrilhar e acontecimentos não planejados vão surpreendê-lo. Talvez chova no seu piquenique. O carro pare no trânsito. Um resfriado o deixe de cama. Você nem sempre vai conseguir a promoção. A vida não segue o seu cronograma e você não pode ajustá-la às suas necessidades. Ela o ajusta às necessidades dela.

O vício em trabalho conta com a certeza e a previsibilidade. Ele quer que você saiba o que, quem, quando, onde e como as coisas vão acontecer. Senão, você surta. Ficar bem mesmo sem ter um resultado definido oferece conforto para suas expectativas rígidas. Isso o deixa mais aberto ao fato de que, para cada possibilidade, há inúmeras formas de uma situação se resolver.

APRENDA A DESFRUTAR A ESPERA

Como você está lendo este livro, me arrisco a dizer que deva ter dificuldade em esperar por soluções para os problemas. Talvez busque respostas rápidas para chegar logo a uma conclusão e muitas vezes tome decisões impulsivas para poder passar ao próximo item da sua lista.

Se a decisão correta estivesse aninhada dentro de um ovo, não seria possível fazer com que ele chocasse mais rápido. Decisões profissionais importantes também são assim. Não vêm quando você as força. Soluções inovadoras tendem a aparecer enquanto você está fazendo outras coisas – passando aspirador ou arrumando sua mesa – porque precisam de oportunidade para chocar sozinhas.

Quem trabalha relaxado avalia duas opiniões ou decisões opostas sem fazer escolhas impulsivas. Você reúne todos os fatos antes de começar projetos e evita erros pesquisando e pesando decisões até a melhor solução emergir. Quando aprende a desfrutar da espera, você não se importa de esperar para desfrutar.

DEIXE UM ESPAÇO PARA MANOBRA

É provável que você não deixe espaço para manobra entre tarefas de trabalho, marcando um compromisso atrás do outro, de forma tão apertada que não tem tempo para as surpresas da vida – ou até para ir ao banheiro. Você usa o tempo extra entre tarefas para riscar mais um item da lista, em vez de respirar fundo, relaxar e chegar alguns minutos mais cedo.

A falta de espaço para manobra faz você ficar constantemente sob pressão, correndo de um compromisso para outro. Quando a vida cria uma situação inesperada – congestionamento, crise familiar ou problema de saúde –, você fica sobrecarregado e estressado.

É possível reduzir drasticamente esse estresse criando margens confortáveis. Quando você foca em relaxar, pode usar o tempo de sobra para aliviar a tensão diária, colocar músicas agradáveis e descansar, em vez de ruminar os acontecimentos do dia.

PRATIQUE A AUTOACEITAÇÃO

É possível que você seja tão exigente que poucas pessoas – inclusive você mesmo – consigam se encaixar em seus padrões. Enquanto aqueles que trabalham relaxados colocam metas de 95 a 100%, os perfeccionistas colocam metas irreais de 150%. Quando você não as cumpre, seu ego o repreende sem dó, para garantir que você "acerte" da próxima vez. O problema é que a próxima vez também não é boa o suficiente para perfeccionistas como você.

Esse tipo de abuso interior alimenta o vício em trabalho. Incapaz de aceitar que não consegue atingir seus próprios padrões impossíveis, você se força a trabalhar mais e por mais tempo, negligenciando tudo e todos, indo mais fundo para realizar e conquistar.

Quando você aprende a se aceitar – com seus defeitos e falhas –, é capaz de errar com autoaceitação, em vez de se condenar. Essa prática o abre a ideias criativas que o tornam um profissional, colega e familiar melhor. Considere abrir mão de ser perfeito, trabalhar em se tornar você mesmo e se expressar de formas que lhe sejam naturais.

EVITE AS MULTITAREFAS

Se você é como muitas pessoas sobrecarregadas, considera as multitarefas uma ferramenta essencial de sobrevivência numa cultura de trabalho 24 horas que espera resultados imediatos. Fazer uma atividade por vez parece simplesmente improdutivo.

Estudos mostram que ser multitarefas não é tão bom assim. Equilibrar e-mails e mensagens de texto reduz sua capacidade de focar e produzir, fatigando seu cérebro no processo. As multitarefas também acabam com a eficiência e a qualidade de vida. Resultam, frequentemente, em projetos meia-boca que nos deixam sobrecarregados e estressados.

De vez em quando, você precisa fazer mais de uma atividade ao mesmo tempo. Mas pode frear as multitarefas para que elas não se tornem seu caminho padrão. Você pode priorizar e fazer menos tarefas simultaneamente. Pode desacelerar o ritmo e finalizar um projeto antes de começar outro.

INVISTA EM QUEM VOCÊ AMA

Quando o trabalho se torna mais importante do que tudo, você desenvolve um padrão de esquecer, ignorar ou minimizar a importância de rituais e celebrações familiares. Perde a apresentação de seu filho no colégio. Esquece festas de aniversário. E, mesmo se consegue chegar a um evento, pode ter dificuldade para se concentrar, já que sua mente ainda está no escritório.

O que você perdeu por estar trabalhando? Foi aquela peça na escola ou o lance da vitória feito pela sua filha no jogo? É importante refletir sobre o que está sendo comunicado à sua família se o trabalho sempre vem em primeiro lugar. Reflita sobre seu trabalho e mude os padrões que não são condizentes com suas prioridades familiares.

RECONHEÇA A NEGAÇÃO

É provável que os outros lhe digam que você trabalha demais. Talvez as pessoas queridas falem que você nunca tem tempo para elas, um colega comente que você é o primeiro a chegar e o último a sair ou amigos digam que não o veem mais.

Se você morresse amanhã, estaria satisfeito com a forma como está vivendo? Talvez, olhando e ouvindo as pistas dadas pelos outros, você pudesse aprender que trabalhar sem parar era algo que estava te enganando o tempo todo, que você estava tomando as mentiras disso como verdades. A negação faz parte da doença do vício em trabalho que diz que, se você relaxar, vai ficar para trás ou algo ruim vai acontecer. Ou você se obriga a acreditar que está só tentando sustentar honestamente sua família. Verdade seja dita, você está fazendo isso por si mesmo, para medicar uma doença interna. Sugiro que avalie a quantidade de tempo e energia que coloca em interesses fora do trabalho. Então, sem se julgar, identifique o que negligenciou e dê mais atenção a isso.

FIQUE COM O SENTIMENTO

Você provavelmente tem o hábito de ignorar situações desagradáveis ou problemas que o afligem internamente. Ficar ocupado tira sua mente da preocupação. Embora esses escapes enfraqueçam as chamas da agitação e tragam alívio temporário, não consertam as cargas mentais a longo prazo.

Ao tirá-lo do momento presente, as distrações eclipsam sua clareza e autocompreensão. Silenciar sua mente pela meditação, prestar atenção às preocupações e cargas mentais que você carrega e ficar com elas numa consciência completamente sem julgamento acalma a mente do iniciante.

Como experimento, da próxima vez que um sentimento perturbador ou uma sensação de inquietação aparecer, vá para dentro de si mesmo, receba o sentimento e fique com ele. Enquanto se conecta com o momento presente, conheça essa parte de si com a maior compaixão possível. Não tente mudar as sensações, apenas fique com elas, como se estivesse fazendo companhia no leito de um amigo doente. É só isso. Esteja presente com o desagradável, trazendo tanta consciência quanto possível. Cada vez que um pensamento ou uma sensação corporal o afastar, tente trazer sua atenção de volta gentilmente. Depois de um tempo, a vida parece correr de forma mais suave.

ABRA MÃO

Como muitos de nós, os adultos em sua vida podem ter-lhe ensinado que aguentar e lutar contra a oposição são sinais de grande força. O paradoxo é que segurar e resistir podem ser sinais de grande ignorância. Você lutaria contra uma maré alta perigosa o puxando para o fundo, se soubesse que isso o faria afogar-se? Neste e em muitos casos da vida, é preciso mais força e coragem para abrir mão e relaxar.

Abrir mão não significa desistir. Você abre mão de controlar as coisas que não pode ou que não precisa controlar. Quando faz isso, você ganha o mundo. Pare de se preocupar com bobagens e fazer tempestades em copos d'água e comece a ir com a corrente. Você foca as grandes batalhas em vez das pequenas e deixa que a vida aconteça em seus próprios termos, em vez de tentar fazê-la se encaixar nos seus.

NÃO SEJA UM MÁRTIR

Você é um mártir workaholic que se recusa a delegar e assume mais do que a sua carga de trabalho, chegando a recusar suas merecidas férias? Você culpa o local de trabalho, se queixa de chefões administrativos ou reclama que colegas não trabalham tanto quanto você? Se sim, ao fazer isso, você se vitimiza e perde sua força, caminhando com o mundo nos ombros – um peso que você mesmo colocou ali.

Talvez seja hora de questionar se seus hábitos ou atitudes negativas contribuem para os problemas do trabalho, e considerar como assumir a responsabilidade pela sua parte. Que ações você pode tomar? Dizer não com mais frequência? Delegar?

Priorizar? Trabalhar com mais eficiência? Falar com alguém que tenha autoridade e possa ajudar? Pedir demissão?

CUIDADO COM SUAS ALFINETADAS

Imagine que você bate a cabeça em um armário da cozinha. Depois da primeira pontada de dor, vem a alfinetada de julgamento: "Ai! Como eu sou desastrado!". Quando você fracassa em algo, comete um erro ou tem um contratempo, a alfinetada de autojulgamento cria uma segunda camada de estresse, fazendo com que você se sinta mal. É a alfinetada, o estresse que você coloca sobre si mesmo, que causa sofrimento. Se conseguir remover a camada de julgamento, você vai se sentir confortável para lidar com o verdadeiro elemento estressante.

Da próxima vez que você se sentir alfinetado, preste atenção a essa camada e se observe sem julgamento. Isso se chama *equanimidade* – a capacidade de ficar calmo em meio a uma situação estressante. Atingir a equanimidade não é tão fácil quanto parece, mas é um desafio que vale a pena. Você percebe que não tem que reagir às alfinetadas toda vez e que é possível relaxar sob quase qualquer circunstância.

ENCHA SEU BANCO EMOCIONAL

Verdade seja dita, dizer "sim" a todos os pedidos é dar um "não" constante a si mesmo e se impedir de fazer trabalhos importantes. A habilidade de dizer "não" não é uma fraqueza nem um fracasso. É um sinal de força.

Pense em si mesmo como uma conta bancária. Quando as retiradas, em forma de excesso de trabalho ou vigilância, superam o autocuidado, é hora de investir no seu bem-estar. A chave para evitar o esgotamento é fazer depósitos diários dizendo "não" quando você já estiver sobrecarregado, se assegurando de descansar bastante, se exercitar, se nutrir e priorizar o que o interessa e reabastece. Quando você cuida de si em primeiro lugar, tem mais energia para investir depois nos objetivos profissionais e pessoais. Ao que você pode dizer "não" para se concentrar em criar equilíbrio na vida pessoal e profissional? Contemple quais depósitos diários você poderia fazer para igualar as retiradas feitas pelo "sim" em sua conta pessoal. Depois, pergunte: "Como começo?"

USE ANTICONGELANTE

A compulsão de fazer subjuga seu desejo de ser. Você mantém seus sentimentos congelados para se defender de estados emocionais indesejados como ansiedade, tristeza e frustração.

A imersão no trabalho lhe dá segurança e garantias, independentemente de o trabalho em si ser satisfatório.

Conforme começa a se comprometer com uma vida mais equilibrada, você sai de "fazer" humano para "ser" humano. Nota que seus sentimentos de ansiedade começam a derreter e sente mais ternura em relação a si e aos outros. Você perde um pouco do controle e do perfeccionismo, encontrando outros caminhos pelos quais se valorizar.

Buscar conforto no trabalho permite que você evite conflitos de relacionamento e se engaje numa atividade que pode controlar e na qual se sinta seguro. O trabalho constante o mantém entorpecido, com os sentimentos enterrados no gelo profundo, e emocionalmente desconectado dos outros. Neste ano novo, é hora de ficar curioso sobre o que precisa ser descongelado aí dentro.

OLHE NO ESPELHO

Uma vez, um estranho se aproximou de um fazendeiro que trabalhava no campo e disse: "Estou pensando em me mudar e queria saber que tipo de gente vive aqui." O fazendeiro perguntou: "Que tipo de gente vive na terra de onde você vem?" Ele respondeu: "Pessoas egoístas, cruéis e nada amigáveis. Vou ficar feliz de deixá-las para trás." O fazendeiro falou: "Imagino que você vá encontrar o mesmo tipo de gente aqui também. Não vai gostar daqui." O estranho seguiu caminho.

Mais tarde no mesmo dia, outro estranho veio e disse ao fazendeiro: "Estou pensando em me mudar e queria saber que tipo de gente vive aqui." O fazendeiro perguntou: "Que tipo de gente vive na terra de onde você vem?" O estrangeiro respondeu: "Pessoas maravilhosas. São generosas, gentis e muito amigáveis. Vou ficar chateado de deixá-las para trás." O fazendeiro disse: "Bem, imagino que você vá encontrar o mesmo tipo de gente aqui também: generosas, gentis e muito amigáveis. Acredito que vá gostar daqui."

As falhas dos outros são como faróis de automóveis: parecem mais brilhantes que as suas. Quando você reage negativamente a alguém, muitas vezes está reagindo a algo dentro de si mesmo do qual não gosta. Concentrar-se nas falhas dos outros é uma forma de se distrair para não reconhecer o que precisa trabalhar em si.

CARPE DIEM

Quando pondera sobre sua própria mortalidade, você percebe como a vida é passageira. Em vez de focar no que deu errado hoje ou se preocupar com o que pode acontecer amanhã, reflita sobre como você está vivendo: uma reunião atrás da outra, celulares tocando fora do horário de serviço, pilhas de trabalho nos fins de semana. Pense sobre quem você ama e pergunte: "Estou vivendo meu dia a dia em sintonia com o que é mais importante para mim?"

Carpe diem – latim para "aproveite o dia" – faz você lembrar de viver a vida completamente e de concluir o que é importante. Talvez hoje seja o momento de dizer "eu te amo" a alguém, fazer uma confissão ou consertar um relacionamento. Talvez seja hora de aproveitar o dia para fazer o que você deixou pela metade ou ainda não começou.

ADMITA A IMPOTÊNCIA

No passo número 1 do Workaholics Anônimos, você admite sua impotência em relação ao vício em trabalho e que sua vida se tornou ingovernável. Admitir a impotência remove o obstáculo da superioridade que faz você achar que sabe tudo. Assim, você reconhece sua falibilidade humana e humildade. Essa é a base para admitir que você é humano, tem direito de cometer erros e não pode fazer tudo sozinho. Por mais que você tente, não pode controlar o mundo e as pessoas nele. Deixe os mecanismos de sua vida para um universo mais poderoso que você. É contraintuitivo, mas quando você admite a impotência em relação à capacidade de administrar seus hábitos de trabalho compulsivos, sente-se mais forte para superar o problema.

Você é uma pessoa só e não pode fazer tudo, mas, mesmo assim, pode fazer algo. Embora seja limitado nas coisas que pode controlar, não se recuse a fazer o que levará a uma vida saudável e produtiva.

ENSINAMENTOS DE JANEIRO

- Construa andaimes temporários até ter confiança e vigor emocional para seguir em frente sozinho com mais equilíbrio entre vida pessoal e profissional.
- Monitore a necessidade avassaladora de se sobrecarregar.
- Reconheça que trabalhar demais tornou sua vida ingovernável.
- Pratique a reflexão sobre sua vida interior momento a momento e a escuta profunda, estando presente por completo no que acontece ao seu redor.
- Aprenda a admitir suas falhas e a aceitar cada uma sem julgamentos.
- Aceite as coisas que você não pode mudar e mude as que pode.
- Aproveite o dia para viver com mindfulness e estar completamente no presente, para que o amanhã não traga arrependimentos.

FEVEREIRO

Um trabalhador relaxado senta no escritório sonhando em estar numa estação de esqui. Um workaholic vai para uma estação de esqui sonhando em estar no escritório.

LINGUAGEM DO CORAÇÃO E COMPAIXÃO

Tradicionalmente, o mês de fevereiro, derivado do termo latino *februum* para designar o ritual de purificação *Februa*, era uma época de limpeza. Muitos no hemisfério norte acham que o mês de fevereiro é, sem dúvida, a época mais deprimente do ano. Os dias são curtos, frios e escuros, e as pessoas tendem a se isolar. Mas fevereiro também é conhecido como o mês do amor – uma época para lembrar a importância da compaixão – pelos outros e por si.

Com que frequência os arrependimentos do passado ou as preocupações com o futuro o fazem esconder-se no trabalho? Se você fica deprimido no começo do ano, uma das melhores formas de relaxar sua mente é encontrar uma fonte de força maior do que si para purificar seu humor e para lembrar que não está sozinho. Uma figura espiritual, um confidente íntimo, um conselheiro, uma reunião do Workaholics Anônimos ou um padrinho podem ajudar a restaurar o propósito e o significado para além de estar hiperocupado e trabalhando demais.

As práticas da autocompaixão e da bondade pelos outros são capazes de melhorar um humor ruim. Praticar atos de gentileza dá a você uma pausa para relaxar e o reconecta às outras pessoas, ao mesmo tempo em que traz uma sensação de propósito, autoestima e euforia, comumente chamada de "o barato de ajudar".

Neste capítulo, você entenderá o poder da bondade e como ela leva a uma vida mais saudável e equilibrada. Descobrirá que tem mais controle sobre sua mente e que ela tem menos controle sobre você. A linguagem de seu coração limpa a raiva e os pensamentos rancorosos. Ajuda-o a perceber que a maioria das pessoas que o fazem infeliz – o vizinho cujo cachorro não para de latir, um cliente que sem perceber entra na fila na sua frente ou o nadador que joga água para os lados ao pular de barriga na piscina – são como você: seres humanos, provavelmente fazendo o melhor que podem, e que uma parte de cada um deles reside em você.

SEJA MAIS ATENTO

Quantas pessoas vemos dirigindo e mandando mensagens ou almoçando enquanto digitam? Talvez você seja uma delas. Vive em piloto automático, arrependido de ações passadas ou preocupado com resultados futuros, atropelando o momento presente como se ele fosse um obstáculo no caminho até seu prazo ou até o próximo item da agenda? Se sim, sua mente está usando você, em vez do contrário.

Práticas de mindfulness mostram como assumir o controle da sua mente. Com elas, você presta atenção no que está acontecendo dentro de si no momento presente e aprende a focar em tratar os outros e a si mesmo com bondade.

Num lugar confortável, com os olhos abertos ou fechados, dedique toda a sua atenção aos pensamentos que estão fluindo pela sua mente, sem tentar mudá-los. Simplesmente observe-os por cinco minutos, como faria com uma folha flutuando em um riacho. Então, perceba do que tomou consciência em sua mente e em seu corpo e como o exercício faz com que você se sinta.

OUÇA SEU CORAÇÃO

Quando você chega ao mundo, o amor é sua essência. Amor puro. Com o tempo, você se machuca e levanta barreiras e defesas para sobreviver a essa coisa chamada vida. Você encontra formas de evitar ou escapar de mais desilusões trabalhando até morrer. Acha que tem tudo sob controle, mas seu coração fica fechado para o afeto.

O amor ainda é sua essência. Dá para perceber que ele está lá pelo calor em seu coração quando seu filho mais velho se forma ou o mais novo faz o gol da vitória em uma partida no futebol da escola. O jorro de lágrimas quando perde um ente querido. Para abrir-se à vulnerabilidade, olhe mais fundo e descubra a linguagem do seu coração. Encontre as coisas e experiências que o emocionam e o deixam sem palavras, e você irá se ver tratando a vida com mais sensibilidade e bondade.

SÓ CINCO

Quando o trabalho ou as tarefas diárias são as prioridades mais importantes, você deixa de aproveitar os momentos incríveis da vida. É realmente assim que você quer continuar vivendo? Passando pela vida usando uma venda, preso aos resultados?

Como seria se você tirasse do caminho, temporariamente, alguns itens da agenda e desfrutasse de momentos presentes? Não estou falando de longos períodos de tempo, só cinco dos 1.440 minutos que compõem um dia, para saborear o que está ao seu redor. Você não pode usar a desculpa de que entre o nascer e o pôr do sol não tem cinco preciosos minutos para relaxar. Ainda sobram 1.435 minutos por dia para resolver o que for preciso.

Não vale a pena tirar cinco minutos para se conectar com a forma como o sereno da manhã brilha numa teia de aranha, o cheiro de fumaça de chaminé subindo num céu enluarado de inverno ou sons de pássaros cantando em sua janela, e se deixar ser alimentado pela vida?

FRSC

A sigla FRSC quer dizer "fome, raiva, solidão ou cansaço". Quando o vício em trabalho o domina e o afasta de sua vida, esse sinal de alerta pode lhe devolver o equilíbrio. Se um dos quatro estados ou uma combinação deles estiver presente, o FRSC é um lembrete suave para você parar ou desacelerar.

É um truque de memória para quando você estiver se afogando em preocupações de trabalho, e faz com que você se lembre de respirar algumas vezes e relaxar. Primeiro, inspire pelo nariz. Segure o ar e conte até seis. Então, faça um bico com os lábios e exale pela boca.

Tenha atitudes para cuidar de si: coma quando tiver fome, descarregue sua raiva, ligue para alguém se estiver solitário e descanse quando estiver cansado.

EVITE AS SUPOSIÇÕES

Imagine que sua chefe passa pela sua mesa. Você sorri e acena com a cabeça. Ela não o cumprimenta de volta, então você se pergunta o que fez de errado para ter causado o descontentamento dela. Depois, descobre que ela estava pensando em outras coisas e nem notou a sua presença.

Aceitar medos e pensamentos negativos automaticamente como fatos cria problemas desnecessários. Você pode se poupar de muito sofrimento inútil questionando esses pensamentos automáticos e esperando para ver se as evidências os comprovam. Quanto mais pratica essa abordagem, mais você aprende a não confiar em suas suposições. É melhor suspender suas conclusões e esperar para ligar os pontos quando tiver feito as perguntas ou confirmado as informações.

NÃO TENHA MEDO DE SER VULNERÁVEL

O trabalho em excesso parece um casulo que nos mantém seguros, mas também nos desconecta das pessoas. Ficar vulnerável exige colocar a cabeça para fora e se arriscar emocionalmente: compartilhar seus sentimentos com honestidade, falar sua verdade e pedir desculpas quando estiver errado.

A jornada mais longa da sua vida serão os 45 centímetros entre a sua cabeça e o seu coração. É arriscado se abrir – puxar a cortina interior e permitir que um amigo, familiar ou colega de trabalho o veja por dentro. Mas a cura que a linguagem do coração opera pode valer o risco.

NADA DE ENGOLIR E SAIR CORRENDO

Você sabia que o americano médio passa apenas onze minutos almoçando em um restaurante de *fast food*? E você? Come sem prestar atenção, pega um salgado e devora com goladas de café enquanto sai correndo?

Um corpo bem nutrido tem mais resistência ao estresse e promove a sustentabilidade no trabalho. O que você coloca na boca e seu estado mental enquanto come influenciam na qualidade do que sai do seu cérebro. Está na hora de equilibrar sua agenda lotada e tratar as refeições como atividades singulares das quais usufruir, como você faria com um projeto importante.

EXPRESSE GRATIDÃO

O problema com o desejo constante é que o querer se expande e aumenta o descontentamento. Isso alimenta seu vício em trabalhar para poder obter coisas que o façam sentir melhor por dentro. Talvez você gaste demais, exagere nas indulgências e em suas ações, porém, mais cedo ou mais tarde, haverá algo que você quer e não pode ter, por mais que trabalhe.

É possível mudar esse padrão com uma abordagem mais confiável de contentamento: sentir-se grato pelo que você já possui. Comece com uma lista das muitas coisas que fazem a vida valer a pena e visualize coisas às quais não deu o devido valor, mas sem as quais sua vida ficaria vazia e insatisfatória.

PARE DE REVIRAR O LIXO

Há grandes probabilidades de você estar tão confortável se castigando por suas falhas que nem lhe ocorra que uma abordagem mais positiva e compassiva consigo mesmo possa torná-lo um trabalhador mais eficaz. Então, você se chicoteia com críticas, por medo de virar preguiçoso.

Revirar o lixo para achar falhas só sabota seu sucesso. Embora seja importante reconhecer suas limitações e seus fracassos, também é essencial valorizar suas vitórias, ter orgulho de suas forças e tratar-se com cortesia e consideração.

ESQUEÇA O FANTASMA

A insegurança é um fantasma cruel que pode assombrar-nos dia e noite. Ele nos persegue quando temos um dia importante no trabalho e está em nosso ombro enquanto apresentamos um projeto enorme ou tentamos consertar uma relação importante.

Um pouco de dúvida é uma coisa boa. É uma forma de balanços e contrapesos que ajuda a chegar à verdade. Isso nos leva a questionar nossos objetivos em vez de seguir em frente ingenuamente com vendas nos olhos. Em excesso, porém, a insegurança pode ser debilitante, especialmente se você acredita que as críticas ajudam a conquistar metas.

A melhor abordagem é tratar-se como trataria alguém amado. Durante dias de trabalho de alta pressão, ser um mentor para si, com apoio moral e palavras gentis, é algo que acalma e o faz passar pelos altos e baixos. Você pode permitir pensamentos de incerteza – não para duvidar de si, mas para usá-los com consciência para melhorar seu equilíbrio diário.

APRENDA SUA LINGUAGEM DO AMOR

Fevereiro é uma época perfeita para amar. Uma época perfeita para se perguntar: "Estou amando de verdade a pessoa de quem gosto?" Se tem um relacionamento amoroso, é provável que você e seu parceiro falem linguagens do amor diferentes.

Algumas pessoas se sentem amadas quando o parceiro passa um tempo de qualidade com elas ou as elogia. Outras quando o parceiro dá um presente ou demonstra afeto através de atos, como cozinhar uma boa refeição. Outras, ainda, pelo toque físico, como abraçar e segurar as mãos.

Como você sabe que é amado pelos outros? Quais são as coisas que faz naturalmente para mostrar seu amor pelos outros? As respostas a estas perguntas podem dar-lhe uma noção de sua linguagem do amor e da de seu parceiro. O próximo passo é compartilhar sua descoberta e praticar falar a língua do outro regularmente. Que presente maravilhoso para dar e receber!

EVITE SER UMA ESTRELA CADENTE

Enquanto a cultura corporativa exalta as virtudes do vício em trabalho, os estudos mostram que isso leva à ineficácia e corrói a confiança em toda a empresa. Não é incomum workaholics gerarem uma crise e depois conseguirem atenção e elogios por resolvê-la.

Se você é um workaholic, torna-se viciado no processo de trabalhar, não em concluir o serviço. Às vezes, a quantidade de esforço que você coloca nos projetos excede o nível de produtividade. Pessoas com desempenho otimizado são mais eficientes e trabalham menos horas. Têm interações afetuosas e amistosas, uma boa noção de colaboração e dominaram a arte de delegar. São motivadas por um desejo de fazer contribuições criativas e aceitam mais riscos necessários para conquistar resultados positivos e inovadores.

As trajetórias de carreira dos workaholics são como estrelas cadentes: crescem rapidamente com uma grande explosão e depois se nivelam. Se você está obcecado em gerenciar os detalhes de sua carreira, nunca é tarde demais para dar meia-volta e mudar sua abordagem. Você pode delegar, priorizar e aprender a não se sobrecarregar. Em vez de ficar atolado com detalhes, olhe o panorama geral. E em vez de esconder seus erros, vire um mestre em corrigi-los e aprender com eles.

MEXA-SE

Se você for como a maioria das pessoas, presta mais atenção no seu automóvel que no seu corpo. Lava e encera o carro, faz revisões, garante que tenha bastante gasolina. No trabalho, tem muito combustível, suficiente para que você e seus subordinados finalizem tarefas designadas dentro de prazos irreais, espalhando o medo e o caos na empresa. Seu corpo se move a jato, mas que tipo de atenção e cuidado você dedica a ele quando está trocando os pneus e indo a 120 por hora?

É possível que você esteja tão acostumado a viver em seu corpo que não o conheça tão bem quanto conhece seu veículo. Se há um barulho sob o capô do carro, você checa, mas não presta muita atenção aos sinais físicos de esgotamento. E provavelmente passa por cima de dores ou ignora um desgaste que alerta sobre problemas sérios de saúde.

A diferença entre seu carro e seu corpo? A não ser que seja sem-teto, você não mora no carro — mas todos moramos em nosso corpo. É importante saber o que ele está fazendo e ouvir o que ele tenta dizer. Então, mexa-se e comece a dar valor ao veículo que lhe dá abrigo e transporte para onde quer ir.

ILUMINE SEUS PONTOS ESCUROS

Uma colega certa vez me disse que um cliente lhe entregou uma nota de cem dólares novinha para pagar pela sessão de terapia. Depois de ele ir embora, ela percebeu que ele tinha, por engano, dado duas notas de cem grudadas uma na outra. O primeiro pensamento dela foi: "Posso ficar com esse dinheiro extra e ninguém nunca vai saber." Mas ela correu atrás dele e devolveu a nota extra.

É importante olhar para o lado inverso de quem você pensa que é. Pergunte a si mesmo se tem medo de examinar as sombras de sua personalidade. Ou você prefere passar muito tempo negando os pontos escuros? Parte de se recuperar de um vício em trabalho é estar disposto a reconhecer os entes queridos, amigos e colegas que você prejudicou. Você pode fazer isso não se condenando, mas com compaixão, para poder ver o escopo mais amplo de quem você é.

SIGA A CORRENTEZA

Quem anda de caiaque diz que a melhor forma de escapar quando se está preso em um redemoinho turbulento de água é relaxar até ser cuspido para fora dele. Mas nossa tendência natural no calor do momento é lutar contra a corrente e isso nos mantém presos, podendo até nos afogar.

Da mesma forma, a maneira de se livrar de uma torrente de pensamentos negativos é receber e observar cada um com curiosidade. É contraintuitivo, mas quando você deixa os pensamentos irem e virem sem personalizá-los, resistir a eles ou se identificar com eles, acabam indo embora.

Imagine um pensamento negativo que você teve. Depois, afaste-o e observe-o por alguns momentos com um olhar desapegado. Enquanto assiste ao pensamento, você começa a perceber que não precisa se deixar definir por ele. Ele não é você, nem é necessariamente verdade. E os sentimentos ruins recuam.

FIQUE CONFORTÁVEL COM A REJEIÇÃO

A necessidade de agradar os outros é resultado direto de inseguranças e uma abdicação trágica da sua própria voz. O resultado? Todo mundo gosta de você, menos você mesmo. Quando se tenta satisfazer a todos, é só uma questão de tempo até se perder nas expectativas. É um fato da vida que alguém – ou muita gente – vai ficar irritado ou chateado com você. A chave é estar confortável com a rejeição, parar de se vender pela aprovação alheia e ser direto em suas opiniões. É importante se posicionar e aprender a discordar. Exige muita coragem, mas traz um estado mental mais feliz e um equilíbrio mais estável entre vida pessoal e profissional.

DEIXE DE SER UM ESPECTADOR

Levante a mão se você já sentiu que sua vida está passando de um dia de trabalho a outro. A maioria? Foi o que pensei. Agora, levante a mão se acha que, em seu leito de morte, vai lembrar os momentos passados no escritório. Poucos? Foi o que pensei.

Imagine que lhe perguntassem: se tivesse uma segunda chance de viver a sua vida, o que faria diferente? O que diria? Falaria menos, ouviria mais? Convidaria amigos mesmo que o tapete estivesse manchado e o sofá desbotado? Iria para a cama quando estivesse doente, em vez de achar que o mundo ia parar de girar se você faltasse ao trabalho? Haveria mais "eu te amo", mais "desculpe-me"? Contemple o que surge dentro de você quando pondera essas questões.

AFIRME-SE

É importante aprender a trabalhar sem depender da aprovação dos outros e a se avaliar com um olhar imparcial. Quando conseguir fazer isso, você não dependerá mais de fatores externos para se fortalecer e terá uma relação mais saudável com seu trabalho. Reconhecendo seu valor, você se torna um suporte da sua autoestima, construída de dentro para fora, um trabalhador relaxado e mestre de seu próprio destino.

Começando agora, elogie-se por um trabalho bem-feito. Substitua a caça aos defeitos pela caça às qualidades, para que suas falhas não dominem suas conquistas. Lembre-se de afirmar seus pontos fortes com frequência.

PARE DE TRAIR SUA VIDA

No furor progressivo do vício, não é incomum esconder trabalho em todo lugar, apesar das reclamações de parentes e amigos: em pastas ou malas, mochilas, embaixo dos assentos do carro, em sacos de roupa suja ou enfiado dentro das calças. Se você é como muitos workaholics, esconde seu trabalho e age de forma sorrateira ou explode com pessoas que entram no seu caminho – de todo jeito, você está cometendo uma infidelidade de trabalho.

Contrabandear trabalho – tal como alcoólatras contrabandeiam garrafas de gim – é um sinal de desespero. Você precisa conseguir sua dose de qualquer forma, ainda que isso signifique ser desonesto ou machucar alguém que você ama. Do ponto de vista de um workaholic, o disfarce diminui as tensões na família, mas entes queridos se sentem traídos e desconfiados quando a verdade é revelada. E relacionamentos sofrem danos graves, às vezes irreparáveis.

Quando seu vício em trabalho é tão forte que você não consegue resistir à tentação, é hora de perguntar: "Por que a mentira tem tanto poder e controle sobre mim?" A honestidade o liberta do autoengano, o ensinando a admitir seus erros e a se perdoar.

ENCONTRE SUA PAIXÃO

Trabalhadores entusiasmados são motivados por necessidades intrínsecas e pelo desejo de fazer contribuições originais. São pessoas criativas que correm riscos e vão além das fronteiras para construir ideias.

Workaholics, por outro lado, veem o trabalho compulsivo como um porto seguro num mundo perigoso e emocionalmente instável. A nível celular, trabalhadores entusiasmados operam a partir de uma reação contrária a de "luta ou fuga", enquanto os workaholics atuam com a reação de fuga ou luta, que leva a uma enxurrada de cortisol e adrenalina que compromete o sistema imunológico e gera doenças cardíacas, diabetes e problemas gastrointestinais. Trabalhadores entusiasmados são mestres da autocorreção e aprendem com seus erros. Workaholics tentam evitar ou esconder seus erros.

Pergunte a si mesmo se trabalha com paixão ou estresse. Quando sua saúde mental e física está em jogo, sua reação de descansar e digerir pode criar uma abordagem tranquilizadora e calmante em relação às tarefas e trazer mais satisfação no trabalho.

NÃO SE DEIXE ABATER

Um fazendeiro chinês tinha um cavalo velho para cultivar suas terras. Um dia, o cavalo escapou para as montanhas. Quando todos os vizinhos do fazendeiro se solidarizaram com seu azar, ele respondeu: "Azar? Sorte? Quem sabe?". Uma semana depois, o cavalo voltou com uma horda de cavalos selvagens das montanhas. Dessa vez, os vizinhos parabenizaram o fazendeiro por sua sorte. A resposta, de novo, foi: "Sorte? Azar? Quem sabe?". Quando o filho do fazendeiro estava tentando domar um dos cavalos selvagens, caiu e quebrou a perna. Todos acharam que era muito azar. Mas não o fazendeiro, que só respondeu: "Azar? Sorte? Quem sabe?". Semanas depois, o exército entrou na vila e alistou para a guerra todos os homens saudáveis que encontrou. Quando viram o filho do fazendeiro, com sua perna quebrada, o dispensaram. Agora, isso era sorte? Azar? Quem sabe?

As coisas raramente são tão ruins quanto parecem. Nossas bênçãos muitas vezes chegam em forma de dor, perda ou decepção. Se você se lembrar disso, sempre encontrará um lado bom no que é ruim, ganhos em suas perdas. Da próxima vez que estiver no meio de uma tristeza, pode se animar lembrando que o bom ou ruim não está na situação, mas em sua interpretação, e que raramente as coisas são tão boas ou ruins quanto você imagina.

MODERE AS EXPECTATIVAS

Há um velho ditado usado em círculos de recuperação que diz que expectativas são ressentimentos premeditados. Talvez você tenha expectativas sobre como as situações vão se desenrolar. Quando as coisas não dão certo por causa de acontecimentos inesperados, naturalmente você se machuca e se decepciona. Mas esperar que uma situação seja de determinada forma faz com que você tenha a mente fechada para o resultado. E se ele não atende à sua forma de pensar, você fica insatisfeito. Isso é a obstinação disfarçada da sua pior maneira.

Quando você começa a ver essa postura como imatura, percebe que o mundo opera segundo seus próprios termos e que muitas coisas não podem ser mudadas, não importa o que aconteça. Independentemente do quanto você tente, não pode fazer o mundo e as pessoas nele servirem à sua vontade.

Se você for controlador demais, talvez aprenda que não é sua missão levar ordem ao mundo. Sua missão é alinhar-se com ele.

Você não pode eliminar as decepções da vida, mas pode escolher como reagir a elas aceitando a situação de forma madura e tirando o melhor dela.

REMOVA AS RÉDEAS SEM FIO

Houve uma época em que *blackberries* eram só frutinhas que *nós* consumíamos, não um aparelho com teclas que *nos* consome. Quando *celular* era algo que se referia às células do corpo. A expressão "24/7" (24h por dia, 7 dias por semana), típica do século XXI, substituiu o antigo lema de "horário comercial". Essas tendências indicam como o trabalho entrou de fininho em cada hora do dia, suas redes sem fio se tornando coleiras. Elas permitem que você se debruce sobre um laptop numa ilha no paraíso ou use o celular para ligar para o escritório mesmo estando em um teleférico de esqui. Mas permitir que intrusões sem fio ditem as regras pode nos colocar em um caminho muito estressante.

Com o dia de trabalho invadindo seu espaço privado o tempo todo, focar na vida pessoal, se mover num ritmo razoável e ficar conectado aos outros de forma humana e compassiva se torna um desafio. Você é quem tem que dar o limite. Você não larga um martelo ou serra depois de trabalhar num móvel; você guarda as ferramentas. O mesmo pode se aplicar a seus aparelhos sem fio. Como você se equilibra nessa frágil fronteira entre a intrusão do trabalho e o tempo pessoal? Pergunte a si mesmo se é alguém que a quebra ou a reforça. Depois, considere o que pode fazer para criar mais tempo para relaxar.

PERMITA-SE RECEBER UMA ENERGIA SUPERIOR

Você voa sozinho quando se energiza com obstinação, forçando sua vida a ser da forma como você quer. O passo 2 do Workaholics Anônimos ensina que a crença em uma energia superior pode proporcionar uma vida mais equilibrada.

Talvez você nunca descubra sozinho o que é necessário para ficar nas alturas. Mas sua crença numa energia superior pode ajudá-lo a voar. Quando você permite que o grande poder do universo flua, passa a enfrentar cada dia com fé e coragem renovadas. É preenchido por uma força interna para superar obstáculos e ganha serenidade.

Essa energia pode ser um deus de seu entendimento, a vibração de um pôr do sol ou algum outro aspecto da natureza, o universo, uma reunião do Workaholics Anônimos ou uma renovação que você encontra em um grupo de apoio. O ponto é acreditar que há uma energia superior ao seu ego, e que ela pode ser qualquer coisa que você use como fonte de força.

ENSINAMENTOS DE FEVEREIRO

- Lembre-se do FRSC quando se sentir sobrecarregado.
- Desligue-se de seus aparelhos eletrônicos de vez em quando para desfrutar dos outros prazeres da vida.
- Identifique sua linguagem do amor e a das pessoas importantes na sua vida para melhorar suas conexões íntimas.
- Quando você listar suas falhas, crie o hábito de também nomear seus sucessos, para ter uma imagem mais equilibrada de quem você realmente é.
- Busque o lado bom de cada situação ruim, para não se deixar abater.
- Conecte-se com uma Energia Superior para seu ego não tomar as decisões.

MARÇO

A felicidade não pode ser encontrada por meio de muito esforço e força de vontade, mas ela já está aqui, agora, quando relaxamos e abrimos mão.

— LAMA GENDUN RINPOCHE

ABRIR MÃO E SE ENTREGAR

Nas montanhas da Carolina do Norte, temos um ditado: "Quando estiver sendo perseguido por um urso, aproveite a vista." Ele defende que a melhor forma de relaxar é abrir mão de seu apego ao que vai acontecer e fazer o melhor em uma situação incontrolável. Se você é como a maioria das pessoas de alto desempenho, os pensamentos negativos em sua mente o fazem acreditar que eles são verdadeiros simplesmente por estarem em sua cabeça, embora o arrastem para sensações prejudiciais e decisões ruins.

Você cria sofrimento e exaustão quando seus pensamentos exigem que uma situação seja diferente do que é, e passa muito tempo chateado com coisas que não pode controlar – forçando, resistindo e se apegando a sua obstinação.

O mês de março, nomeado em homenagem a Marte, maior guerreiro romano de ações heroicas, chega como um leão rugindo, com tempo muito frio e desagradável no hemisfério norte e com chuvas torrenciais em algumas partes do Brasil. Março o inspira a reunir a força e a coragem de um leão rugindo ou de um herói como Marte para abrir mão dos hábitos de trabalho excessivo e se entregar a situações além do seu controle.

Entregar-se e abrir mão são ações de força e poder pessoal – não de derrota. Quando você consegue dar um passo para trás e relaxar, percebe que os pensamentos negativos são barras de prisão eclipsando sua capacidade de ver todas as possibilidades da vida. São necessárias a força e a coragem de um leão rugindo ou de um guerreiro romano para entregar seu controle a situações desconhecidas e permitir que a vida aconteça em seus próprios termos.

Neste capítulo, você desenvolverá a coragem de um leão para abrir mão dos hábitos que reduzem sua visibilidade do panorama geral e borram sua clareza. Você começa a ampliar e substituir suas lentes de zoom por uma grande angular, libertando-se de crenças, ações e sentimentos pré-estabelecidos. Então, visualiza um leque maior de opções positivas na vida. O resultado? Você entrará em março como um leão e sairá como um cordeiro – ainda corajoso e poderoso, mas agora afetuoso, primaveril e dócil –, equilibrado com paz e serenidade.

MENOS ESTRESSE

Se você vive em ritmo acelerado e com mãos de ferro, provavelmente está fora de sintonia com seu corpo. Não está consciente do estresse que acumula e ignora inflamações, sensibilidades e dores, focando demais no trabalho do dia. Como resultado, tende a abusar do seu corpo, em vez de cuidar dele. O *pêndulo* é um exercício que ensina a focar em seu corpo físico.

Com os olhos fechados, note um lugar em seu corpo onde sente estresse. Ele pode se manifestar como dor, tensão, sensibilidade ou aperto. Então, volte sua atenção a algum lugar dentro de si onde sinta menos ou nenhum estresse. Foque na ausência de estresse, notando suas sensações corporais: batimento cardíaco estável, respiração mais lenta, temperatura da pele regular, mandíbula suavizada, músculos relaxados. Então, imagine a sensação da ausência de estresse se espalhando para outras partes do corpo.

Agora, volte ao lugar onde originalmente sentiu estresse. Se a sensação tiver diminuído, foque na redução da tensão por alguns minutos. Continue revezando sua atenção entre o que sobrou dela e os locais em que você se sente relaxado. Enquanto vai de um para outro, note onde a tensão está diminuindo e passe um tempo prestando atenção à diminuição enquanto ela vai para outras áreas.

LIBERTE-SE

Você talvez esteja mais acostumado a se apegar ao que quer do que a abrir mão. Nossa forma de vida ensina a possuir, em vez de dar, não só com coisas materiais, mas também com sensações e sentimentos. Se você consegue algo, venceu. Se desiste de algo, perdeu. Então, é mais provável que você agarre do que deixe ir.

Entrega é quando você está disposto a abrir mão de pensamentos e sentimentos possessivos e permite-se receber. Abrir mão o coloca na posição mais poderosa possível: a de mestre, não de vítima. A capacidade de se dobrar e fluir com o que a vida manda, em vez de se segurar, o coloca em harmonia com ela. Então, é possível superar a situação e a vida corre mais tranquilamente.

Veja se consegue identificar uma pessoa ou um acontecimento que desafie sua habilidade de abrir mão. Da próxima vez que estiver na presença dessa pessoa ou cenário, tente se libertar. Note como se sente mais livre. Note como a entrega ajuda a reduzir a ansiedade e como a fluidez traz mais felicidade e paz de espírito.

PRESTE ATENÇÃO; NÃO SEJA AUTOCENTRADO

Uma amiga amava os dias quentes e longos do verão. No dia mais longo do ano, eu disse a ela: "Você deve estar eufórica". Ela respondeu: "Não, estou triste porque amanhã os dias começam a ficar curtos de novo." Quando comentei que ela estava diminuindo sua alegria, ela ficou surpresa com como aquele ponto de vista limitado tinha tomado conta dela.

A mente workaholic é uma mente limitada, sem espaço para crescer. Ela automaticamente restringe as situações e nos mantém autocentrados sem percebermos. Você foca em momentos de fracasso, coisas que nos deixam malucos ou metas que não atingimos: o mesmo emprego ruim, os colegas sem consideração de sempre, a festa no escritório que não foi nada demais. Você acumula negatividade sem perceber e isso se torna a lente pela qual enxerga o mundo.

A chave é manter uma perspectiva ampla, para não deixar escapar o que é agradável. Quando você nota as coisas pequenas que aprecia ao seu redor (o perfume de uma flor ou ver colegas trabalhando em equipe), isso estimula um pendor positivo no trabalho e na vida pessoal, e você se sente mais alegre.

FECHE OS OLHOS

Diz-se que a melhor ponte entre desespero e esperança é uma boa noite de sono. Sem dormir, você corre mais risco de desenvolver doenças cardíacas e sua capacidade de aprendizagem fica comprometida. É importante ter um horário regular para ir para a cama e garantir que seu quarto seja aconchegante, convidativo e ventilado. É necessário repensar a importância de dormir bem e por tempo suficiente. Assim como boa alimentação e exercícios, uma boa noite de sono não atrapalha a produtividade. Pelo contrário, a melhora. Quando você dorme bastante, fica fisicamente mais saudável, mais produtivo e mais mentalmente alerta em comparação com pessoas que se privam desse combustível.

OBSERVE OS PENSAMENTOS COMPULSIVOS

Se você é como a maioria dos mestres em cumprir tarefas, embora exceda as expectativas alheias, nunca alcança seus próprios padrões irreais. Confia em pensamentos compulsivos que lhe dizem para aceitar montanhas de trabalho extra – mesmo que suas vidas pessoal e profissional já estejam sobrecarregadas e uma zona. Os pensamentos o perseguem durante o sono, numa festa ou numa caminhada com amigos. Antes de você começar seu dia de trabalho, eles já chegaram ao escritório. Pairam sobre seu ombro durante conversas íntimas com entes queridos. Você não consegue deixar de pensar, falar ou fazer tarefas. Após um tempo, o vício se torna um peso indesejado, mas você não consegue parar, porque todo mundo depende de você.

Tente tornar-se consciente de seus pensamentos compulsivos, observando-os com curiosidade enquanto fluem por sua mente. Em vez de depender deles, deixe que venham e vão sem personalizá-los, resistir ou se identificar com eles. Em algum momento, eles vão embora.

AMPLIE SEUS HORIZONTES

Ao encontrar dificuldade, tente ter uma visão global do sofrimento e levante uma série de possibilidades. Você deve lembrar a si mesmo que a dificuldade não é um fracasso pessoal nem é permanente. Olhando com a visão mais ampla, você consegue enxergar mais alternativas que obstáculos. Depois, foca na solução, não no problema. Você identifica a oportunidade contida em cada desafio perguntando: "Como posso virar essa situação a meu favor?" ou "Existe algo positivo nesse momento ruim?" ou "Como posso encaixar esse quadro lamentável no contexto de um cenário maior?"

Os cientistas chamam essa estratégia de "Efeito Ampliar e Construir", pois você amplia seus horizontes para aguentar os períodos difíceis. Quando você a usa de forma regular, ela tem o efeito cumulativo de torná-lo mais otimista e fazer com que sua força motriz seja um padrão automático.

FOQUE NO AQUI E AGORA

Se você é como a maioria dos workaholics, provavelmente passa pela vida tentando chegar às grandes conquistas e perde o que está acontecendo agora. Quando você começa a observar sua mente, fica impressionado com o quanto ela tenta descobrir uma forma de maximizar o prazer e minimizar a dor.

Você precisa passar pelo trânsito em vez de *estar* no trânsito. Você precisa entrar e sair do banho para chegar ao trabalho em vez de *estar* no banho. Você precisa se apressar e fazer o jantar para poder ver TV em vez de *estar* presente na preparação do jantar. Quando você simula acontecimentos passados ou futuros, esses episódios desconectados do presente interrompem a sua conexão com o ambiente e com você mesmo.

Para estar conectado consigo mesmo, tente observar para onde vai sua mente a cada momento. Você notará uma diferença entre as vezes em que realmente está presente e aquelas em que sua mente é arrastada para pensamentos sobre o passado ou o futuro. Sempre que isso acontecer – mesmo enquanto você lê estas palavras –, apenas a traga de volta ao aqui e agora.

PARE DE SUJAR SEUS PENSAMENTOS

O que você diz a si mesmo quando está sob pressão no trabalho surge numa velocidade tão rápida que você nem nota. O trabalho excessivo é mantido vivo por conclusões exageradas, a maioria delas distorcida: "Preciso ser tudo para todos, senão serei um fracasso"; "Se não consigo fazer bem um trabalho, não vale a pena fazê-lo"; "Devo ser amado por todos".

Quando você faz esse tipo de afirmação, sua mente é governada pelo "tudo ou nada" – a doença de tentar encaixar a vida em categorias organizadas. O problema é que a vida não pode ser categorizada de uma forma tão artificial. O "tudo ou nada" limita as possibilidades a um extremo ou outro e reforça todos os tipos de vício. Programas de doze passos chamam esse *modus operandi* de "sujar o pensamento". Esses exageros nublam a clareza, limitam suas escolhas e o prendem na incerteza e na tomada de decisões ruins – criando excesso de trabalho, atrapalhando seus relacionamentos e minando seus objetivos pessoais.

Se você superestima sua necessidade de trabalhar, provavelmente subestima o quanto realmente trabalha. Da próxima vez em que ficar preso no pensamento workaholic rígido, ligue sua antena. Ouça as coisas que você diz; palavras como *sempre*, *tudo*, *todos* ou *ninguém*, *nunca*, *nada* dão a pista de que o "tudo ou nada" manda. Depois, foque nos tons de cinza e considere possibilidades flexíveis: "Não preciso ser tudo para todos. Meus sucessos dependem de fazer o meu melhor".

NÃO MATE O TEMPO

Algumas pessoas estão tão apressadas que parecem querer matar o tempo com trabalho antes que ele as mate. Em vez de matar o tempo quando está preso no trânsito da hora do *rush* ou em longas filas no supermercado, você pode aceitar o momento *exatamente* como ele é e usá-lo para amortecer choques. Dizer a si mesmo que está escolhendo esperar empodera, em vez de vitimizar, reduz o estresse e cultiva um espírito calmo e pacífico. Você pode aproveitar a atenção centrada no momento presente para fazer uma reflexão pessoal, alongar-se ou conectar-se com os movimentos da sua respiração.

Em vez de ficar irritado com pessoas que andam a passos de tartaruga, pense nelas como exemplos de como você pode desacelerar. Com uma atitude de não julgamento, você pode observar os outros e encontrar espelhos de sua própria impaciência e irritabilidade gravados no rosto alheio.

FIQUE AMIGO DE SEU CRÍTICO INTERIOR

Todo mundo tem um crítico interior – aquela voz devastadora que mora dentro da sua cabeça, analisando tudo com um microscópio. Como um sargento que quer salvar a vida de seus soldados, o trabalho do crítico é apontar seus fracassos, para sua cabeça não ser explodida na batalha.

Não dá para se livrar do crítico, mas você pode desenvolver uma relação com ele. Da próxima vez que o crítico piscar em sua mente como um letreiro de néon, pense nele como *parte* de você, não você *inteiro*. Ouvi-lo como uma parte separada, e não como *você*, traz distância e evita um autoataque. Escutando o crítico como uma parte, e não como você, sobra espaço para a Confiança – aquela voz estimulante, que o anima a ir em frente com afirmações bondosas, como um melhor amigo faria.

Comece a dar o mesmo tempo à Confiança, deixando que ela reconheça suas conquistas e qualidades positivas. Você pode imaginar a Confiança sentada à sua frente enquanto você ouve o que ela tem a dizer. Quanto mais você observa o crítico de longe – sem ficar frustrado nem tentar se livrar dele –, mais fácil será para a Confiança aparecer e lhe estender sua mão amiga.

CULTIVE EMPATIA

A habilidade de colocar-se no lugar do outro é uma ferramenta poderosa. A empatia o conecta aos outros e o liberta de pensamentos negativos e limitados, bem como de julgamentos apressados. Permite que você sinta a dor de outra pessoa e neutralize rancores. Ela o imbui de paciência, calma e compaixão para lidar com gente difícil ou resolver discussões, ou manter a calma quando alguém explode.

Essa abordagem é a melhor, porque a empatia o torna uma pessoa mais gentil e amorosa. Ela mostra uma perspectiva mais ampla, para você poder reagir de uma forma que promova a justiça e a boa comunicação. E, no escritório, colocar-se no lugar de um cliente ou colega insatisfeito pode dissipar situações cheias de tensão.

Imagine que você está no lugar de alguém que o chateia. Imagine caminhar dentro do corpo dessa pessoa, vendo os acontecimentos perturbadores pelos olhos dela, com o coração dela. Conforme considera os ângulos pelos quais os outros veem as circunstâncias, seus rancores se suavizam, você se sente liberto de seu pensamento limitado e negativo, e consegue relaxar.

PRIORIZE

Se você está na corda bamba entre vida pessoal e profissional, tem uma montanha de tarefas para completar a cada dia. Algumas têm a ver com seu trabalho. Outras talvez se relacionem a compromissos familiares e pessoais, e alguns desses são mais essenciais que outros. É importante você decidir quais vêm primeiro e ter prioridades claras, práticas. Conforme planeja os dias à frente, não priorize tarefas de trabalho. Agrupe todas as tarefas com base em cada esfera da sua vida: pessoal, profissional, família e lazer. Dentro de cada agrupamento, decida quais são mais urgentes.

Para cultivar o equilíbrio entre vida pessoal e profissional e evitar categorizar todos os itens de trabalho como mais importantes, você prioriza um mínimo de uma tarefa por esfera da vida. Essa estratégia encoraja a incluir todas elas. Depois, você resolve primeiro as mais essenciais em cada esfera. Coloque o que não é essencial em segundo plano ou o delegue para outras pessoas, se possível. Quando você reflete sobre suas prioridades, pode garantir que cada prioridade de cada esfera da sua vida será realizada.

ESQUEÇA SEU PASSE LIVRE

Muitos de nós dão mais amor e cuidado a nossos empregos do que a nossas famílias. Não vamos a festas, desperdiçamos ou gastamos mal o tempo, mas mesmo assim nem sempre estamos presentes para as pessoas que amamos quando necessário.

Não importa quanto dinheiro ganhe ou o quanto trabalhe, você não tem um passe livre para não ser responsável por sua vida pessoal. Não está tudo bem em se contentar com ser um pai, mãe ou cônjuge ruim. É insensível, arrogante e desrespeitoso tratar pessoas que ama como se fossem anexos dos negócios e arrastá-los para onde você quer. Na recuperação do trabalho excessivo, faça um inventário de suas relações íntimas. Você trata seus entes queridos de forma humana? Respeita o tempo e as necessidades emocionais deles? Quais hábitos que os magoam você precisa mudar para ser um ser humano mais amoroso?

EVITE A FADIGA DE DECISÃO

Estudos mostram que um cérebro fatigado fica exausto com horas de trabalho ininterruptas e esgotado de sua energia mental para tomar decisões fora do trabalho. Basicamente, quanto mais escolhas você faz nas horas extras, mais difícil é para sua mente cansada tomar até a decisão mais simples: o que vestir, onde comer, quanto gastar ou como priorizar projetos profissionais.

Mas a vida não espera por você. As pessoas que você ama e seus colegas de trabalho dependem de você. Você usa atalhos, toma decisões profissionais impulsivas e engole *junk food*. Acata as preferências domésticas de outros membros da família, não participando de decisões importantes da vida.

É possível remediar essa situação dedicando a seu cérebro o mesmo descanso restaurador de que seu corpo precisa durante o dia: exercícios vigorosos, uma soneca renovadora, meditação, alongamento, respiração profunda, contemplação da natureza, ioga ou tai chi.

CRIE DESCANSOS VISUAIS

Você provavelmente passa uma quantidade absurda de tempo preso a sua mesa de trabalho. Cubículos sem janela e escritórios sem paredes e pouco arejados podem prejudicar o desempenho profissional. Já temos certeza de que a natureza fortalece o corpo e a alma. Estudos mostram que elementos naturais como plantas, luz ou as cores azul, verde e amarelo, encontradas na natureza, beneficiam a produtividade, a criatividade e a saúde mental em geral.

Se você não consegue fazer uma pausa para estar ao ar livre, avalie sua estação de trabalho pessoal e procure por traços estressantes no ambiente que você não tenha notado. Depois, veja quais passos simples pode dar para criar descanso visual. Se não tiver uma janela, traga fotos de natureza, plantas verdes, uma fonte de água com seus sons calmantes, um aquário ou um terrário. Deixe a Mãe Natureza silenciar sua mente e relaxar o pandemônio frenético das demandas de trabalho.

RECUPERE SUA INFÂNCIA

O que seu vício em trabalho tem a ver com sua criação? Tudo. Da primeira vez que falei com Gloria Steinem, nós dois dissemos: "Parece que eu já te conhecia". Embora nossa vida fosse diferente do lado de fora, a forma como a experimentávamos era bem parecida. Compartilhávamos um mapa emocional: isolamento, dor, perda, medo e, às vezes, vergonha. Camaradas de alma unidos por feridas comuns, nós dois viramos workaholics autodeclarados para lidar com nossos problemas de infância.

Muitos workaholics crescem em famílias instáveis, forçados a abrir mão de uma infância despreocupada e a assumir cargas emocionais de adultos, maiores do que eles podem aguentar. Se é seu caso, você se tornou um adultinho sério e esqueceu como brincar. Seu trabalho é estabilizar sua família, segurando-se em qualquer coisa que seja previsível e consistente – uma âncora para mantê-lo na superfície em meio à instabilidade.

Você busca controle por meio de trabalho doméstico ou dever de casa. Quando cresce, seu sistema nervoso continua em alerta vermelho. Quem quer estar no presente quando os momentos passados eram tão desagradáveis? Sua mente automaticamente procura uma saída de emergência em fontes de prazer e segurança: tarefas e cuidados. Na recuperação, você descobre esse ponto ideal em que o sucesso e a satisfação pessoal residem lado a lado.

SEJA POSITIVO

Quando você está sob pressão com prazos iminentes ou sobrecarregado de trabalho, a mente é projetada para contrair e lidar com a ameaça negativa. Quando você está buscando uma solução para uma crise profissional, a negatividade o mantém atolado no problema. Dizer que você não vai se preocupar, que vai apenas ser feliz, não faz justiça aos alicerces científicos da profundidade e do poder da positividade como antídoto para o vício em trabalho.

Positividade não é beber um suco mágico da alegria, usar lentes cor-de-rosa ou enterrar a cabeça na areia. É dar passos realistas e construtivos para lidar com a vida, em vez de sucumbir a ela. A positividade amplia sua mente para aceitar o máximo de informação possível, aumentando a gama de possibilidades. Enquanto a negatividade o mantém focado no problema, uma abordagem positiva permite focar em uma solução viável.

Você pode praticar a busca pelo lado bom de situações que rotula como negativas. Pode criar o hábito de olhar para o panorama geral. Quando as coisas estão tempestuosas, você pode achar uma ou duas coisas positivas de que gosta ou pelas quais esperar. Pode cercar-se de gente que pensa de maneira otimista e se permitir ser contagiado pela energia.

AVALIE AS HISTÓRIAS QUE CONTA

Quais histórias você conta a si mesmo sobre seu trabalho e seu equilíbrio? Há narrativas difíceis demais para enfrentar? Quais você embelezou, editou ou negou? E quais você enterrou lá no fundo ou esqueceu até elas surgirem e incitarem seu estilo intenso de trabalho?

Mesmo que você não compartilhe com os outros, ainda tem uma forma particular de justificar o que faz. Talvez diga:

"Não trabalho tanto assim" ou "Trabalho muito para sustentar minha família", ou ainda "É o tipo de meio em que trabalho, não tenho escolha". Suas histórias não são relatos objetivos da realidade. Você frequentemente as conta de forma que você pareça um herói e aqueles que o confrontam, vilões. A história, não importa quantas vezes for contada, para quem e de que forma, afeta drasticamente sua vida. Ela pode glorificá-lo, promover suas conquistas ou mostrar como você lida bem com situações difíceis.

Conforme lida com o equilíbrio entre vida pessoal e profissional, você pode aprender a tornar sua história precisa e objetiva. Isso exige considerar os diferentes relatos compartilhados por quem o ama e trabalha ao seu lado. Você questiona se está contando uma história que culpa os outros ou se descreve a si mesmo tendo responsabilidade por seu papel.

ACEITE SUAS LIMITAÇÕES

Vitimização, negatividade e ter pena de si mesmo se tornam formas habituais de pensar. Essas limitações se manifestam em padrões crônicos de vida nos quais algumas pessoas se encontram: sem emprego, sozinhas, entediadas, infelizes. As barras da prisão são os velhos julgamentos, medos e preocupações que você tira de mágoas e medos passados, reciclados no presente.

Quando compreende que é sua visão limitada que impede sua vida de funcionar, não a realidade do mundo, tudo muda para melhor. Como você pode reduzir a autopiedade? Como pode mudar sua atitude para aceitar e superar suas limitações?

RECONHEÇA QUE VOCÊ É BOM O SUFICIENTE

Em que ponto você diz: "Já está bom o suficiente"? Talvez, aos seus olhos, essa ideia seja uma miragem. Mas você continua buscando isso como um cavalo-marinho busca o mar por não poder ver a água em que está nadando, e passa a vida procurando o que já tem.

Você trabalha durante feriados, perde os eventos de seus filhos ou vira noites – tudo na tentativa de ser bom o suficiente. No entanto, por mais que você tente, você diz a si mesmo que nada é o bastante. Essa mensagem de fracasso o enche de vergonha e desprezo por si mesmo. Para medicar os sentimentos ruins, você nunca cede e tenta se superar ainda mais.

É dessa forma que você quer continuar a viver? E se você se centrar e ficar consciente do que está fazendo? E se largar a ilusão de que alguma tarefa do trabalho fará com que você se sinta bom o suficiente? Receba a autocompaixão e permita que ela o tome, sabendo que tudo é possível e tudo é desconhecido até você começar a viver.

ENTREGUE-SE

O passo 3 do Workaholics Anônimos diz que você deve entregar sua obstinação a fontes fora de si mesmo para encontrar ajuda: o apoio de um grupo de doze passos, um *insight* durante uma leitura motivacional, uma Energia Superior ou uma realização repentina ao ouvir um padrinho. Com esses atos simples, você abre mão de sua onipotência, percebendo que não tem todas as respostas, e fica frente a frente e no mesmo nível de outros que estão no mesmo espírito. Em outras palavras, coloca seu ego em segundo plano. Sua capacidade de entregar o controle sobre hábitos de trabalho excessivos se transfere para outras áreas da vida. Você descobre que controlar outras pessoas e situações cria estresse e frustração. Admitir essa prática diária no trabalho, em casa e em situações sociais paradoxalmente o liberta de padrões viciantes, cultiva relações positivas e preenche o vazio.

ENSINAMENTOS DE MARÇO

- Coloque sua lente grande angular e veja o panorama geral da sua vida para revelar os pontos cegos que a lente de zoom nubla.
- Fique amigo de seu crítico interior e busque compreender como ele está tentando protegê-lo do inesperado.
- Compense a fadiga de seu cérebro com a trinca de redução do estresse: descanso e sono restauradores, alimentação saudável e exercícios regulares.
- Evite ficar o tempo todo sentado à mesa de trabalho, trazendo a natureza para dentro periodicamente e se imergindo nos efeitos curativos da Mãe Natureza.
- Seja capaz de ver que abrir mão e se entregar – o oposto de desistir ou ceder – são ações de força pessoal, não de derrota.

ABRIL

Se você quer ser respeitado pelos outros, a melhor coisa é respeitar a si mesmo. Só assim, só se respeitando, convencerá os outros a respeitá-lo.

—FIÓDOR DOSTOIÉVSKI

CONSCIÊNCIA RECEPTIVA

Abril, quarto mês do ano, tem um nome derivado do latim *aperire*, "abrir", referente à época do ano, no hemisfério norte, em que flores e árvores se abrem, filhotes de pássaro saem dos ovos e a primavera acorda. Da mesma forma, o quarto mês é uma época de fazer um inventário moral corajoso de si mesmo. Conforme você abre sua mente para um autoexame mais detalhado, ganha consciência de como se perdeu por estar sempre ocupado. Sem julgamento, você identifica suas forças e limitações para estar mais consciente das características que ajudam ou atrapalham seu crescimento.

Você se responsabiliza totalmente por sua incapacidade de relaxar, em vez de colocar a culpa num conflito amargo no trabalho, nas pressões familiares ou nos mandachuvas que jogaram fora sua ideia criativa. Começa a ver mais clara e honestamente seu mau humor, seu moralismo e sua atitude julgadora, e é capaz de admiti-los sem se condenar.

Neste capítulo, você terá a chance de relaxar de forma receptiva enquanto cultiva a integração entre vida profissional e pessoal: sintonia entre corpo, mente e espírito. Você faz uma conexão recíproca e consciente com sua respiração, para ancorar-se no presente e elevar seu espírito e sua produtividade. Entra em harmonia com a imperfeição do mundo e a aceitação de *tudo* o que a vida manda. Percebe que nem tudo é uma emergência e que, aliás, poucas coisas são tão urgentes quanto você as torna. Abre-se mais para o ritmo e fluxo da vida, a aceita com seus próprios termos e sincroniza-se com seu arranjo, colocando-se em harmonia com ela. Lembra-se de que há apenas 24 horas em um dia.

Durante esse mês, você se pergunta que ações pode tomar para abrir-se a uma vida completa. Talvez expandir-se a visões opostas? Deixar velhas rotinas e hábitos para trás e enfrentar novos desafios? Mudar hábitos profissionais insalubres? Ter uma abordagem diferente que o tire da zona de conforto? Ou formar novos relacionamentos ou aprofundar a intimidade com antigos?

APRENDA A SE CONECTAR COM SUA RESPIRAÇÃO

Uma conexão consciente com sua respiração o ancora no lugar em que a vida de verdade acontece, momento a momento. Experimente este exercício de respiração por cinco minutos. Sente-se num lugar confortável com os olhos fechados. Inspire pelo nariz e expire pela boca, focando em cada inalação e exalação. Siga sua respiração por um ciclo inteiro, do começo, quando os pulmões estão cheios, até estarem vazios de novo. Aí, comece tudo de novo.

Conforme você fica nesse ciclo, observando com consciência sua respiração, os pensamentos costumam surgir na forma de julgamento: perguntando se está fazendo direito, pensando sobre tarefas que tem que realizar depois, debatendo se vale a pena gastar esse tempo. Não tente livrar-se de seus pensamentos. Permita que eles surjam e aceite o que aparecer de coração aberto, trazendo a atenção de volta gentilmente e focando na respiração.

Cada vez que sua atenção se desviar da respiração (e isso vai acontecer), traga sua consciência de volta a ela. Não há nenhum outro lugar onde estar, nada mais a fazer, a não ser notar sua respiração. Se sua mente ficar presa numa cadeia de pensamentos, suavemente saia desse fluxo e volte às sensações de sua respiração. Depois de cinco minutos ou mais, abra seus olhos e note como está mais conectado ao presente.

DESENTULHE

Uma das melhores formas de "abrir-se" no plano físico é desentulhar e limpar seu ambiente físico. Junto com seu ritmo workaholic, espaços de convivência desorganizados e atulhados tornam sua vida ainda mais caótica e estressante. O entulho é um obstáculo para encontrar as coisas de que você precisa. Ele consome um tempo valioso e adiciona outro nível de frustração quando você já está com pressa. Conforme a bagunça se empilha, seu nível de estresse pode disparar. Você talvez perceba que sua produtividade também mingua quando você pula de uma tarefa a outra, paralisado por não saber por onde começar.

Após um longo dia, a última coisa que você quer é um lembrete visual estressante do que precisa ser feito olhando direto para você. É possível criar um descanso visual desentulhando as coisas – decidindo do que você precisa e do que não precisa. Então, organize o que fica e jogue fora, recicle ou doe o que não tiver usado há mais de um ano. Você também pode considerar digitalizar papéis e contas para desentulhar sua papelada. Opte por receber boletos e pagamentos pela internet para eliminar o excesso de correspondências, notas e papéis.

Às vezes, quando você se apega a lixos no plano físico, cultiva por dentro algo que obstrui sua produtividade ou bloqueia o fluxo criativo. Quando você desentulha e organiza seu ambiente, muitas vezes nota um processo paralelo no nível psicológico. Começa a reparar numa desobstrução de antigas ideias, relacionamentos tóxicos e maus hábitos, além de abrir mais espaço para inspiração, clareza e criatividade.

ESTEJA CONSCIENTE DE SEUS PONTOS CEGOS

A perfeição vai contra a imperfeição da qual o universo é feito. Em suas garras, a perfeição aperta o domínio sobre você, injeta rigidez em sua corrente sanguínea e sufoca o fluxo de ideias espontâneas e flexíveis.

Desgovernado, o desejo por perfeição faz você determinar metas irreais, exagerar e focar demais em seus erros. Essa perspectiva distorcida cria pontos cegos que impedem que você veja como já é incrível e quantas vezes acerta. O resultado são sentimentos de inadequação, que disparam mais necessidade de seguir buscando perfeição e ideais inatingíveis, que sempre levam à derrota e ao ponto de partida: inadequação.

É hora de começar a dizer a verdade a si mesmo. Não existe perfeição. Ninguém consegue atingi-la. Você pode definir padrões altos que são possíveis de atingir sem colocar-se em condições intoleráveis que criam horários de trabalho infinitos, estresse, fadiga e doença física. O que você está disposto a fazer para colocar-se em harmonia com a imperfeição do mundo?

DESESTRESSE

A maioria das coisas não é uma emergência. A urgência não é um produto do trabalho nem da vida, mas um subproduto de sua incapacidade de aceitar os termos da própria vida. Você não fica parado esperando que o estresse desacelere, você o alimenta, fica acelerado e o causa. Nada se mexe com rapidez suficiente. Quando um trabalho não está pronto, você se sente ansioso. Marca coisas demais e vive correndo contra o relógio. Aí, começa a ressentir-se dos compromissos que firmou.

O problema é que o estresse é mais poderoso do que você. Ele ama uma boa briga e sempre vence. Quando você se pressiona com frequência, sofre de corpo, mente e alma. Quando você está em frangalhos, o cérebro age como um estilingue interno, jogando um coquetel de hormônios de estresse em sua corrente sanguínea. O peito chia, os batimentos cardíacos aceleram, a pressão sanguínea sobe, a frequência respiratória dispara e os músculos se contraem, preparados para a ação. O cérebro diz para seu corpo ficar nesse estado de alerta até se convencer de que a ameaça acabou.

O estresse nos faz acreditar que tudo precisa acontecer agora. Pare de tentar acompanhar a velocidade vertiginosa da luz e saia da rotina do estresse. Como você mesmo criou a urgência, pode parar de dar um passo maior do que a perna.

ACABE COM O *KAROSHI*

Os japoneses cunharam um nome para seus dez mil trabalhadores por ano que morrem por trabalhar de 60 a 70 horas por semana: *karoshi* – que, traduzido, quer dizer morte por trabalhar demais. Trabalhadores que costumavam ser saudáveis caem em suas mesas após um longo período de horas extras ou depois de fechar um negócio de alta pressão, em geral de derrame ou ataque cardíaco. *Karoshi* entre funcionários corporativos na casa dos 40 ou 50 anos é tão comum que o mercado de trabalho japonês foi apelidado de "campo da morte". Na Índia, o vício em trabalho é chamado de "veneno em câmera lenta".

Embora não tenhamos nomes em outras línguas para *karoshi*, colaboradores empresariais morrendo por trabalhar demais estão chegando às manchetes há décadas nos Estados Unidos. Funcionários que trabalham mais de 55 horas semanais têm um terço a mais de probabilidade de sofrer um derrame do que aqueles que trabalham menos de 40.

Você pode fazer uma avaliação pessoal de suas horas trabalhadas e das horas extras que investe em seu trabalho. Uma coisa a se perguntar é: você tem tempo longe do trabalho para recarregar as baterias? Tem um hobby, um passatempo favorito ou uma prática espiritual que absorva o estresse e lhe dê a chance de se reabastecer de energia?

NÃO FAÇA NADA

O mantra para workaholics em recuperação é: "Não comece a fazer alguma coisa – só fique aí sentado". Consigo imaginar que você está revirando os olhos, vendo sua lista de tarefas e se perguntando se eu estou cheirando a tinta da minha impressora.

Eu sei que a ideia de não fazer nada é uma pílula amarga de engolir. Quando você começa a desacelerar e observar a grama crescendo, começa a ter abstinência. Fica inquieto, impaciente e agitado. Talvez desconte nas pessoas ao seu redor. A única solução parece ser levantar e começar a fazer algo.

Mas a arte de não fazer nada é um bom remédio. Ela dá à sua mente e ao seu corpo uma chance de passar por um período de abstinência até você ficar mais relaxado. Naqueles momentos de abstinência que podem parecer vazios e desnecessários, o que já existia de alguma forma embrionária recebe espaço e nasce. Os italianos chamam isso de *il dolce far niente* – que se traduz mais ou menos como "a doçura de não fazer nada". Não fazer nada é algo parecido com as pausas tão essenciais em uma bela canção. Sem ausências de som, a música seria só barulho. Não fazer nada dá um período de incubação para suas ideias nascerem e sentimentos por pessoas amadas descongelarem.

PARE DE ACREDITAR EM TUDO O QUE PENSA

Workaholics têm um fluxo incessante de pensamentos que alimentam seu vício. Quando você acredita no falatório da câmara de eco de sua mente, ele se torna realidade. Se você acredita na ideia de que não é merecedor, não é amado e é feio – embora os outros talvez não o enxerguem assim –, sua impressão de "sou alguém sem valor" ainda é um fato na sua mente.

Se você é como a maioria das pessoas, não se comporta na base da realidade objetiva, mas na base do que percebe como verdade, não importa se suas percepções estão calcadas em fatos ou são ilusões. Albert Einstein chamou isso de "ilusão de ótica da consciência".

Você acredita nos fluxos de pensamento passando pela sua mente no momento. Mas é possível levar consciência aos fluxos mentais incessantes observando-os com curiosidade, sem autojulgamento e sem acreditar que eles são verdade. Um olhar imparcial ajuda-o a tornar-se mais consciente de como o falatório mental pode torná-lo infeliz. Quando você desenvolve essa consciência, aprende a não acreditar em tudo o que pensa e a reduzir seu sofrimento.

EVITE EVITAR

É difícil. É confuso. E é libertador. Mas você é capaz de enfrentar conflitos em casa ou no trabalho? Provavelmente você é avesso a conflitos e mergulha no trabalho para não enfrentá-los. Evitar conflitos dá um alívio temporário do estresse de lidar com uma situação desconfortável, mas ela não vai embora; simplesmente inflama e se agrava até acabar explodindo. Quando você evita conflitos porque tem medo de enfrentar a raiva de alguém, pode parecer, de fora, que está escondendo algo. Para piorar tudo, você fica com dois problemas para resolver: o conflito que inicialmente evitou mais a suspeita alheia de traição e falta de confiança.

Evitar conflitos é uma forma de correr para as montanhas quando a tensão aumenta. Isso o impede de conseguir aquela promoção no trabalho, cultivar um relacionamento amoroso ou fortalecer sua resiliência. Para viver de forma completa, é preciso priorizar sua serenidade, e não o ato de evitar. Respire fundo, reúna sua coragem e enfrente. Em geral, você descobrirá que aquilo de que mais tem medo é exatamente o que pode libertá-lo.

JOGUE-SE NAS GRANDES SOMBRAS

A rotina manda em sua vida? Você já quebrou a realidade mesquinha, se arriscou muito e descobriu que isso mudou sua vida:

investimentos lucrativos, amizades ricas, aventura e momentos cheios de diversão? Precisamos de regras, rotinas e cronogramas. Isso é necessário para manter a vida em ordem, mas quantas experiências e pessoas incríveis você já excluiu por viver sua vida segundo o protocolo? Às vezes, sem perceber, você limita seu equilíbrio entre vida pessoal e profissional por medo de abraçar algo novo e desconhecido. Talvez faça isso por necessidade de segurança e previsibilidade. Você frequenta o mesmo restaurante, fica no mesmo emprego, segue a mesma rotina e convive com o mesmo círculo fechado de amigos. Talvez apegar-se ao familiar pareça confortável, mas isso nos restringe.

É possível quebrar esses hábitos tediosos, enfadonhos e eliminar a mesmice acolhendo a mudança em alguma área de sua vida. Você pode sair da camisa de força das rotinas diárias, mesmo que seja algo tão simples quanto fazer uma rota diferente para casa, ir a um novo restaurante ou adotar uma nova abordagem para construir um relacionamento bem-sucedido. Pode acolher visões opostas, sabendo que as opiniões alheias talvez sejam diferentes das suas, mas ainda assim válidas. Talvez a chave para uma vida mais integrada, equilibrada e relaxada esteja nas sombras que você evitou.

OUSE AVENTURAR-SE

Se tivesse uma visão ampla de sua vida, o que veria? Temor de mais um dia cheio de pressão ou mudanças animadoras à frente? Você passaria os minutos com a cabeça enfiada em jornais, smartphones e e-mails ou começaria a olhar as pessoas com curiosidade, conversando com elas e mostrando um interesse renovado no que têm a dizer? Você seria rude com as pessoas que ama ou tentaria ser mais paciente com as falibilidades humanas delas, sem tentar mudá-las? Se você acha que já viu e fez tudo, esses são só pensamentos habituais que pode mudar. Você tem o poder de mudar sua rotina simplesmente com a forma como a enxerga. Se vive cada dia com o coração aberto, como uma experiência inédita, algo mágico acontece. A vida ganha brilho. Você tem um olhar renovado, uma apreciação mais profunda por si mesmo e mais satisfação com a vida. Sente compaixão pelos outros, talvez por aqueles que ignorou ou a quem não deu valor. Ganha respeito por colegas de trabalho e por seu emprego. Aprende a redescobrir cada novo dia como uma música a cantar e uma aventura a ousar, em vez de uma rotina a aguentar.

PARE COM A MASTURBAÇÃO MENTAL

A maioria das pessoas que se cobram muito e conquistam muito têm uma doença que o psicólogo Albert Ellis chamou de "masturbação mental" – cedem às demandas dos outros, do mundo e à própria voz interior negativa. Se você sofre desse problema, seu trabalho e sua vida pessoal são governados por termos de oposição como *devo, preciso, sou obrigado a* e *tenho que*.

"Preciso fechar aquele contrato"; "preciso conseguir aquela promoção"; "minha família é obrigada a fazer o que eu digo"; "os outros têm que ver meu ponto de vista"; "a vida devia ser mais fácil que isto". Essas regras obrigatórias autoimpostas têm um efeito poderoso sobre sua visão, seus sentimentos e suas ações. A masturbação mental faz surgirem frustração, raiva e depressão. Ela estimula seu exagero quando, inevitavelmente, o mundo e outras pessoas não obedecem às suas regras.

Perguntando se sua voz interior é compassiva ou opressiva, você toma ciência do que exige de si e escolhe mais palavras de apoio e conforto: "Posso fazer meu melhor para fechar aquele contrato" ou "Embora a vida nem sempre seja fácil, ainda consigo enfrentar os desafios". Substituir afirmações imperativas por palavras de empoderamento o coloca no controle e não à mercê das situações, melhorando o seu bem-estar.

DESTRONE O SEU VALENTÃO INTERIOR

A maioria das pessoas viciadas em tarefas têm um valentão interior que domina suas vidas. Ele o chuta e o mantém focado em suas falhas, de modo que você se sente constantemente como se estivesse com problemas. A solução do workaholic? Trabalhar com mais esforço e por mais tempo. Mas mergulhar em afazeres o afunda mais no problema. É por isso que se chama vício em trabalho. Claro, essa não é uma verdadeira solução.

A solução real é desenvolver mais gentileza consigo mesmo para relaxar seus julgamentos. E essa solução é apoiada por estudos que mostram que autoencorajamento e autoapoio são divisores de águas. Quanto mais compaixão você tem por si mesmo, maior é seu arsenal emocional e melhores são seu desempenho profissional e sua capacidade de manter o equilíbrio entre vida pessoal e profissional.

A autocompaixão limita o estresse que leva à autopunição. Trabalhadores relaxados admitem seus erros sem se punir. Qual é a sua situação? Quando você está no chão e seu valentão interior o chuta, expanda seu lado gentil e compassivo, levante-se e se recomponha. Quando começar de novo, perdoe-se e apoie-se com encorajamento e bondade.

TRABALHE "COMO SE"

Levante a mão se trabalhar sem parar tiver atrapalhado sua capacidade de expressar sentimentos, se você não sabe o que sentir em situações emotivas ou se gostaria de sentir mais intimidade, mas não sabe como. Foi o que imaginei. É provável que você tenha trabalhado demais por um período de tempo longo e tenha ficado preso em algum lugar no meio do caminho. Mas há boas notícias. Programas de doze passos há anos insistem muito numa expressão chamada "agir como se". Esse princípio pode ajudar a passar por períodos de paralisia emocional.

O que significa agir "como se"? É uma ferramenta simples, mas poderosa, que diz que você pode criar circunstâncias externas agindo como se elas já fossem verdade. Você pode se apresentar como se estivesse se sentindo de determinada forma. O humor que você finge vira uma realidade. Imagine que você está bravo e não perdoou, mas quer perdoar alguém que o ofendeu. Pode passar a sentir esse perdão agindo como se *tivesse* perdoado. Talvez você seja frio e desapegado, mas queira ficar feliz pela promoção de um colega. Pode agir como se *estivesse* feliz – e descobrir que está. Talvez você esteja preocupado com um prazo importante, mas se convença de que vai ser fácil e enfrente a dificuldade com entusiasmo em vez de temor. Quando você diz a si mesmo que um desafio é moleza, pode se surpreender com quão facilmente um obstáculo vira algo simples de resolver.

FAÇA AMIZADE COM A PREOCUPAÇÃO

A preocupação chega à sua frente, como se estivesse explorando o terreno, antes de situações desafiadoras. Ela o persegue antes de um dia importante no trabalho e paira sobre seu ombro quando você está sugerindo ideias. A âncora da preocupação o leva para baixo e rouba sua força. Mesmo quando as coisas vão bem, você espera pelo pior. Preocupar-se em tempos calmos e em tempos turbulentos cria uma vida com temor 24 horas por dia. Viver assim traz desgaste para o seu corpo e para a sua mente.

Se você pensa na preocupação como um inimigo infiltrado e tenta extingui-la, cria uma relação adversa que leva a mais frustração interna, ansiedade e caos. É contraintuitivo, mas a chave é forjar um novo relacionamento com a preocupação, acolhendo-a e fazendo amizade com ela. Embora você a perceba como algo que trabalha contra você, ela na verdade está do seu lado – uma protetora, alertando sobre uma ameaça, tentando mantê-lo longe do perigo. Quanto mais você é capaz de pensar na preocupação como uma amiga, em vez de inimiga, menos preocupação e mais tempo de relaxamento terá.

ACEITE UMA BOFETADA CÓSMICA

Um evento sísmico pode abalar as fundações de sua compreensão da vida e de seu lugar nela. Mas o que importa é o que você faz com isso. Em seu livro *A arte da felicidade*, o Dalai Lama conta sobre uma mulher que prosperou com um dinheiro inesperado depois de fazer um investimento lucrativo. Seu sucesso repentino e meteórico deu-lhe muito dinheiro, tempo livre e aposentadoria ainda jovem. Depois de a poeira baixar, as coisas voltaram ao normal e a mulher disse que não estava mais feliz do que antes de receber o dinheiro.

Ele compara a situação dela com a de um homem que contraiu HIV. Devastado com a notícia, ele passou um ano superando o choque e a negação. Mas usando a oportunidade para explorar a espiritualidade pela primeira vez, ele viu sua vida transformada de maneiras positivas. Aproveitava cada dia mais do que antes e, estranhamente, sentia-se mais feliz do que antes do diagnóstico.

Ganhos materiais – uma casa, um carro ou dinheiro – podem trazer ápices temporários que acabam logo em seguida. Uma tragédia ou perda pode mergulhá-lo no fundo do poço por algum tempo, mas, no fim, seu humor volta ao normal. Independentemente de se a vida lhe dá altos ou baixos, o importante é o que você faz com os eventos sísmicos. Você tem o poder de determinar como experimenta a vida. Não importa o quanto seja dolorosa ou difícil, se é grande ou pequena, transforme cada experiência aceitando-a de coração aberto e faça dela uma oportunidade de crescer.

GOVERNE COM UMA MÃO MAIS SUAVE

Trabalhadores mais rígidos tendem a governar com mãos de ferro: faça o que eu mando ou rua. Se o que alcoólatras mais querem é um companheiro de copo, workaholics costumam preferir um colega que atenda a seus próprios padrões desumanos de longas horas e ritmo frenético. No trabalho, você despreza os preguiçosos e usa pressão e intimidação como defesa contra sua própria insegurança, enfraquecendo – em vez de apoiando – colegas ou subordinados para reforçar sua própria posição de poder. Se você é um chefe workaholic com controle autocrático, sob sua liderança a moral da equipe despenca e o esgotamento decola. Você força e apressa seus subordinados a ponto de eles sentirem um estresse injustificado. Provavelmente também não está em contato com a vida emocional deles e é insensível às necessidades e aos sentimentos que possam ter.

Empresas americanas descobriram que os ambientes de trabalho mais saudáveis são aqueles que levam em consideração fatores humanos e cuidam de seus funcionários. Se, como gerente, você é um exemplo saudável e inspira através de conselhos, em vez de usando a força, a empresa conseguirá mais produtividade criativa, lucros maiores e uma mão de obra mais equilibrada.

CONTROLE SUA TRANSMISSÃO

O vício em trabalho não é contagioso, mas tem efeitos prejudiciais que são transmitidos àqueles que vivem conosco. Filhos de workaholics têm níveis maiores de depressão e ansiedade e acreditam que acontecimentos circunstanciais controlam suas vidas. Carregam essas cicatrizes emocionais na vida adulta, dependendo de outros para tomar decisões e, entre eles, há mais incidência de comportamentos obsessivos-compulsivos e falta de confiança, associando-os a mais ansiedade e depressão do que a população em geral.

Muitos filhos de workaholics captam a mensagem de que não são bons o bastante ou de que há algo errado com eles, porque são valorizados por seu desempenho, não por quem são. Com expectativas inalcançáveis por parte dos pais, as crianças internalizam o fracasso como sendo culpa delas. Muitas acabam elas mesmas viciadas em trabalho e desempenho.

Em seu leito de morte, você não vai desejar ter passado mais tempo trabalhando e menos tempo com sua família. Como ninguém conhece o amanhã, talvez seja hora de tomar uma atitude antes de ter arrependimentos irreversíveis. Você pode marcar um jantar para encontrar-se com seus filhos, começar a dar longas caminhadas e ter conversas sinceras, planejar atividades especiais ou viagens para reatar laços rompidos. Ouça o que eles têm a dizer, descubra o que andam fazendo e conte a eles o quanto são importantes para você.

DESAFOGUE-SE

E se você aproveitasse a pressão das demandas de trabalho para promover o equilíbrio entre vida pessoal e profissional? E se você se obrigasse a passar com pessoas que ama o mesmo tempo que passa trabalhando? E se gerentes corporativos dissessem que você tem que tirar um tempo igual de folga cada vez que liga para o escritório ou checa e-mails nas férias? E se precisasse fazer aulas de meditação presenciais no local de trabalho proporcionais ao número de suas vendas? E se as empresas exigissem que você tirasse folgas e férias sem trabalhar? E se você tivesse refeições em família e fosse a aniversários e encontros com a mesma motivação com que lida com prazos profissionais? E se você se pressionasse a chegar pontualmente aos eventos de seus filhos tanto quanto chega ao trabalho? E se marcasse o mesmo número de momentos divertidos com família e amigos que de reuniões com colegas de trabalho?

Imagine como seu mundo seria maravilhoso se você tivesse menos dores de cabeça, problemas digestórios ou dores no peito.

E se você tivesse menos preocupações e mais alegria, menos estresse e mais paz de espírito, e menos pressa e mais relaxamento. Imagine como seria se você desacelerasse o momento e desfrutasse dele.

SEJA GENTIL COM A TERRA

Reflita sobre seu papel nesse pequeno pedaço do planeta para deixar um impacto positivo no mundo e fazê-lo ressoar com mais alegria e amor.

Pense em ser responsável e mais gentil com o planeta em que vive. Pergunte-se o que pode fazer para ser mais amigo do meio ambiente e preservar o planeta para quem vier depois: reduzir sua emissão de carbono, reciclar e parar de usar papel. Você pode caminhar mais suavemente, mover-se mais lentamente e dar passos mais cuidadosos na Terra durante seu dia de trabalho. Quando sua mente for para o passado ou o futuro, você pode concentrar-se no presente para trabalhar em busca da paz e da felicidade de toda a humanidade.

A astronauta Peggy Whitson passou mais tempo no espaço do que qualquer outro americano. Ver a Terra pelo lado de fora a fez comentar: "Precisamos fazer mais para ser uma única Terra, um único povo". Pergunte qual pode ser o seu papel no Dia da

Terra para praticar o equilíbrio entre vida pessoal e profissional. Quanto mais você limpa seu lado da rua, diminuindo o ritmo e criando mais alegria, mais contribui com o equilíbrio do planeta.

SEJA SUPERIOR

Quando é traído por um colega ou supervisor, como você reage? Alimenta ressentimentos porque isso lhe dá satisfação emocional? Isso é a mesma coisa que comer chumbinho e esperar que o rato morra. Guardar ressentimentos trabalha contra você e bloqueia sua paixão e produtividade. Mantém a raiva e a mágoa no centro de seu dia de trabalho, acaba com sua energia e o coloca numa direção negativa.

Do colega que puxa tapete ao chefe que não confia em você, ou até mesmo a sogra que se intromete no seu dia a dia, você tem o controle de como reage às pessoas em sua vida. Quem o irrita o domina. Você é quem decide se será dominado ou fortalecido pelos traidores. Você pode dar à negatividade alheia poder sobre sua vida ou focar no que é importante para sua própria felicidade. Quando os traidores atacam, seja superior e colha os benefícios de um direcionamento positivo no trabalho, em casa e no lazer.

FIQUE NA LINHA

Quando cônjuges e filhos de workaholics reclamam, recebem olhares indiferentes daqueles ao seu redor. Muitos consultores de negócios e médicos sugerem que as famílias simplesmente aceitem e se adaptem à agenda do workaholic, ou dizem para os cônjuges pararem de reclamar. Familiares são aconselhados a centrar sua vida em torno da agenda do workaholic, entrar no vício levando as crianças ao escritório e preparar-se para passar bastante tempo sozinhos.

No mundo da saúde mental, a palavra *integração* se refere a fronteiras flexíveis ou indefinidas, e isso cria disfunção familiar. Estudos mostram que fronteiras profissionais flexíveis muitas vezes viram trabalho *sem* fronteiras. E só a expectativa de checar e-mails depois do horário já pode ser prejudicial a sua saúde.

Levar crianças em uma viagem de negócios ou ao escritório de vez em quando mostra a elas o que os pais fazem quando não estão em casa. Mas integrar cônjuges e filhos ao mundo profissional com frequência mantém o vício em trabalho no centro da vida familiar e sem querer negligencia a vida dos outros membros da família. Embora o Vale do Silício admire esse tipo de "dedicação" ao trabalho, é um exemplo de como grandes empresas permitem o vício e contribuem com o desmoronamento da coesão e da estabilidade familiar.

Na recuperação, você desenvolve clareza para distinguir as fronteiras não definidas dos limites saudáveis. O trabalho é uma parte da sua vida, não ela toda. E você ganha nota 10 por não deixar o trabalho se infiltrar nos momentos pessoais com seus entes queridos.

DELEGUE

Se você está tendo dificuldade de entregar um projeto a alguém, pode aprender a delegar para ter um desempenho ideal. Claro, se você é workaholic, é mais fácil falar do que fazer. Sob a incapacidade de delegar, há o medo de que algo esteja sendo tirado de você, o medo da perda de controle sobre o resultado. Mesmo que você passe um projeto para a frente, tende a ficar em cima da pessoa que assume a responsabilidade por ele. Talvez você tenha medo de abrir mão de algo por acreditar que ninguém conseguirá lidar com aquilo tão bem quanto você. Trabalhará dias e noites a fio para garantir que seja feito direito em vez de perder tempo com um monte de ideias ruins de colegas.

É importante repensar a arte de delegar. Não pense nela como repassar trabalho que não quer fazer. E não ache que delegar tarefas ou pedir ajuda seja percebido como sinal de fraqueza ou incompetência. Não veja, também, como se estivesse sacrificando a qualidade de um projeto. Entenda delegar como uma oportunidade de se ampliar e melhorar – de ser um colaborador criativo e um bom membro da equipe. Conforme você aprende a abrir mão, encoraja colegas a ampliar suas habilidades e seu julgamento. E no fim, compartilhando a carga, você fica menos sobrecarregado.

ACEITE A INCERTEZA

À primeira vista, parece mesmo pedir demais. A vida é cheia de situações inesperadas. Se a incerteza lhe for inaceitável, ela se transforma em medo e você luta com ela usando todas as forças, criando mais tensão.

Expectativas sobre persuadir o chefe a concordar com você ou traçar um plano de ação para a empresa podem levá-lo a fechar seus pensamentos e sentimentos em torno do resultado, criando uma armadilha de decepção e ressentimento. Você gasta muita energia se chateando com coisas que não consegue controlar em vez de fazer o melhor que pode e receber a incerteza de braços abertos.

Verdade seja dita, a incerteza é certa; é uma das poucas coisas com que podemos contar. Sua capacidade de aceitá-la de antemão cultiva paz de espírito. Nas palavras do escritor Eckhart Tolle: "Se a incerteza é perfeitamente aceitável, ela se transforma em maior vivacidade, alerta e criatividade". Pergunte-se se você resistiu a situações incertas e, aí, note a tensão em seu corpo que acompanha a resistência. Entregar-se por completo à incerteza reduz a frustração e a ansiedade e cria um coração aberto, presença pacífica e mente clara.

CULTIVE AMIZADES

Suas amizades são reflexos de sua segurança interior. Você precisa sentir-se seguro o suficiente para permitir que amigos o vejam sem sua máscara e concordar em amá-los incondicionalmente, também, quando eles se revelarem a você – com defeitos e tudo. Apesar das falibilidades deles, você consegue amá-los o suficiente para querer criar uma relação de mão dupla.

Você tem alguém com quem divide esse tipo de laço? Se não tiver uma amizade íntima, precisa desejar uma o bastante para se arriscar. Deve estar disposto a revelar o que o perturba, compartilhar seus medos, arriscar deixar que os outros vejam suas partes mais vulneráveis e compartilhar o que você não consegue discutir.

ACEITE ESTAR QUEBRADO

A vida quebra todo mundo em algum nível e, se você viveu tempo suficiente, foi quebrado de alguma forma. Depois, fica mais forte nesses lugares quebrados. Desde o início dos tempos, filósofos, romancistas e compositores popularizaram a noção de que o que não mata fortalece.

A última coisa que queremos ouvir quando estamos sofrendo para superar algo é que a dor nos torna mais fortes. Se você for como a maioria das pessoas, tem feridas alojadas em seu coração e em sua alma – feridas que inspiram uma atitude de resiliência e determinação. Aprender com experiências difíceis permite que você fique mais forte cada vez que se levanta de uma queda.

Você pode transformar uma experiência negativa numa positiva, o fracasso num sucesso, um obstáculo em movimento. O poder que reside em suas partes quebradas é mais forte que os desafios a sua frente. Você não estaria inteiro se não aceitasse a fraqueza como uma parte integral de sua vida. Nas palavras do sobrevivente do Holocausto e psicólogo Viktor Frankl: "A forma como um homem aceita seu destino e todo o sofrimento que ele engloba, a forma como ele carrega sua cruz, lhe dá ampla oportunidade – até nas circunstâncias mais difíceis – de adicionar um significado mais profundo a sua vida".

EXAMINE-SE

O passo 4 do Workaholics Anônimos recomenda fazer um inventário moral corajoso e questionador de si mesmo. Esse autoexame ajuda a definir suas forças e limitações para identificar os traços que ajudam ou atrapalham seu crescimento e o dos outros.

Você talvez identifique sua incapacidade de delegar tarefas a subordinados ou colegas, sabendo no fundo que eles podem ter um desempenho tão bom quanto ou melhor que o seu. Talvez perceba que seus padrões são irreais e injustos com aqueles com quem trabalha, vive e se diverte. Ou talvez examine sua intolerância e impaciência com as pessoas que não seguem o mesmo ritmo nem aderem rigidamente a suas maneiras de agir e pontos de vista. Você tem a mente aberta para um futuro ou resultado de carreira incertos? Ou cruzou os braços, fincou os pés e se decidiu? Depois de examinar quais pontos de vista, experiências em potencial ou possíveis amizades você excluiu de sua vida, pergunte: "Para o que posso me abrir mais, de modo a enriquecer minha vida e crescer como ser humano completo?".

ENSINAMENTOS DE ABRIL

- Faça um inventário corajoso da integração entre sua vida pessoal e profissional e identifique as forças e limitações que ajudam ou atrapalham seu crescimento, alegria e serenidade.
- Pratique a respiração consciente para se ancorar no agora.
- Lembre-se de que nem tudo é uma emergência e coloque seus objetivos e atividades em harmonia com a vida, em vez de tentar colocar a vida em harmonia com sua própria agenda.
- Pratique a arte de não fazer nada de vez em quando.
- Delegue.
- Faça as pazes com a preocupação e com seu valentão interior.
- Não acredite em tudo o que você pensa.

MAIO

Para crescer completamente como pessoa, busque situações desafiadoras que o ajudem a florescer, em vez de situações seguras que o façam murchar na videira.

ASSUMINDO SUAS CAGADAS

O mês de maio recebeu esse nome em homenagem à Maia, deusa romana do crescimento e da produtividade. É útil pensar nesse mês como uma época de crescimento pessoal – um tempo para semear a honestidade e integridade a fim de prosperar. Estudos mostram que quem cultiva uma mentalidade de desenvolvimento tem mais probabilidade de crescer – é a visão de que dificuldades, erros e desafios fazem parte de um processo de aprendizado, não de derrota, e de que nos fazem mais inteligentes, mais bem-sucedidos e felizes.

Se você fosse desenhar a escala de seu crescimento pessoal, ela seria um ziguezague crescente, não uma linha reta para cima. Um retrocesso faz parte de seu processo de crescimento, desde que você o reconheça, aprenda com ele e o corrija. O problema é que toda a sua identidade está entranhada em ser perfeito e competente em tudo o que faz. Você conta que foi aceito em Yale, mas esconde que foi rejeitado por Harvard. Não suporta ser visto como errado ou cometendo erros. Tenta evitá-los, encobri-los ou fingir que não aconteceram. Se alguém chama sua atenção para o erro, você fica na defensiva e nega ou justifica sua falha. Sua credibilidade e integridade ficam em risco e esconder o erro se torna um fracasso maior que a cagada original.

Neste capítulo, você intensificará a capacidade de agir com confiança e relaxamento depois de uma cagada. O truque? Assumi-la. Este mês é o momento de enfrentar sua negação, seu autoengano e sua racionalização, e dar mais oxigênio ao crescimento pessoal. Quando você esconde ou nega um erro, coloca o problema na linha de frente do seu futuro. A curto prazo, pode parecer mais fácil encobrir um erro e fingir que ele não aconteceu. Mas quando você se torna vulnerável e confessa a alguém a natureza exata de seus passos em falso (por exemplo, pessoas que você negligenciou e magoou por causa de seus maus hábitos profissionais, ou uma negação que o tenha afastado da verdade e integridade), deixa o problema para trás. Como resultado dessa ação, o fim do peso de sua vergonha, ódio e isolamento o leva a ousar fazer as coisas de forma diferente, mudar seus hábitos de vício em trabalho e viver plenamente.

Quando você aceita sua falibilidade humana, experimenta uma nova atitude em relação a quase tudo. Descobre práticas diárias que trazem mais resiliência no trabalho, intimidade nos relacionamentos e integração entre vida profissional e pessoal. Encontra meios para lidar com estresse profissional, com hábitos de trabalho em desequilíbrio e meios de enfrentar melhor o tempo que passa sentado durante as longas jornadas de trabalho. Aprende a importância de priorizar autocuidado, contemplação e autorreflexão, bem como de desenvolver formas seguras e significativas de se conectar com os outros fora do ambiente corporativo. Desfruta mais de seu trabalho e encontra maneiras de completar tarefas de forma mais honesta e eficaz. Coloca o trabalho no seu lugar e tem mais tempo para si, para relacionamentos e diversão. Continua a arriscar cometer erros, assumir a natureza de suas cagadas e usá-las como oportunidade de crescer.

ENTOE

O Entoar tem sido praticado em todo o mundo há milhares de anos, usado por todos, desde os índios nativos americanos até os monges gregorianos. De todas as práticas espirituais que tentei, entoar é uma das tradições mais satisfatórias e relaxantes para acalmar o estresse da mente e do corpo.

O ato físico de respirar e formar sons une corpo e mente de forma divertida e criativa. Há muitas maneiras de entoar. Uma das mais comuns é simplesmente entoar "Om", mantra considerado por hindus a vibração universal que existe em cada palavra. Há também muitos CDs que contêm uma série de cânticos diferentes para você seguir.

Para começar, recomendo que você entoe por apenas cinco ou dez minutos, aumentando gradualmente seu tempo de prática para vinte ou trinta minutos. Quando encontrar um lugar confortável e silencioso, respire fundo e relaxe o corpo. Você pode fechar os olhos, deixá-los abertos ou meio semicerrados. Pode entoar em voz alta ou mentalmente. Respirando normalmente, repita "Om" de forma lenta e rítmica enquanto expira. Em vez de entoar a cada expiração, você entoa "Om", faz uma ou duas respirações e entoa de novo. Puxe o som desde o umbigo, permitindo que a vibração suba lentamente com sua respiração até ressoar em suas narinas.

COMECE A SE MEXER!

Eu admito: fazer exercícios é um saco. Mas vamos considerar a alternativa. A maioria dos americanos passa em média dez horas por dia em um carro, em uma mesa ou em frente a uma tela. Nosso corpo não foi projetado para ficar sentado por longos períodos, fazer isso diminui sua expectativa de vida e aumenta em 80% o risco de morrer de doenças cardiovasculares.

Especialistas sabem que o exercício regular fortalece a resistência ao estresse, aumenta o fluxo sanguíneo e a oxigenação no corpo, abaixa a pressão e melhora toda a saúde física e mental. Quando você começa a se mexer, a tensão física e o estresse mental vão embora, e a solução para um problema fica clara. Portanto, saindo do sofá você pode viver dez anos a mais. O tipo de exercício não importa, desde que você seja consistente e não desista. Seja alongamento, caminhada, corrida ou até jardinagem, você pode escolher a saúde em vez da preguiça – e essa é uma escolha maravilhosa!

DIMINUA

A maioria dos trabalhadores sofre com algum tipo de estresse. Se você é workaholic, porém, o estresse é agravado pela perspectiva esgotante que você dá às tarefas.

Estudos mostram que o estresse do trabalho pode transformá-lo em um funcionário insatisfeito, tornando-o menos eficiente no que faz. Se você trabalha por mais horas que seus colegas, corre mais risco de ter ansiedade, depressão e esgotamento físico, e tem duas vezes mais chances de desenvolver problemas de saúde em comparação àqueles que reduzem as horas trabalhadas.

Para reduzir os riscos à saúde, você pode considerar diminuir as horas extras e seguir o lema de trabalhar melhor, não por mais tempo. Pode pensar em seu local de trabalho como as Olimpíadas. Sua resistência física e mental depende de sua boa forma. Você pode impulsionar seu vigor nos dias de trabalho com boa nutrição, exercícios vigorosos e muitas horas de sono.

ESTRESSE-SE COM SABEDORIA

É realmente importante conseguir a melhor mesa daquele restaurante? Perder os cinco primeiros minutos do jogo de beisebol é mesmo inaceitável? Provavelmente não. Mas, quando você está acostumado ao estresse, ele vira um instinto – tanto que talvez você nem perceba que está se aborrecendo por coisas pequenas! Você deve inclusive se perguntar se está sofrendo de estresse ou *eustresse* – estresse positivo que nos motiva, nos faz sentir vivos e nos ajuda a ter sucesso nos desafios. Ele ajudou Meryl Streep a conseguir seus troféus do Oscar, Michael Phelps a ganhar suas medalhas de ouro e Tom Brady a liderar sua série de vitórias no Super Bowl. Então, um pouco de eustresse é bom, dá excitação e animação. Se você notificar seu sistema nervoso sobre que tipo de estresse está enfrentando, vai descobrir que, em geral, não é tão ruim quanto pensa.

DEIXE PARA LÁ OS "E SE"

Provavelmente você ainda sente medo por coisas que já estão em um passado distante. E seu corpo ainda carrega o reflexo de velhas cicatrizes – um frio na barriga, aperto no peito, um "e se" na mente. Esses pensamentos importunos o impedem de desfrutar do presente e o mantêm preso no futuro. Perguntas do tipo "e se" são outra forma de pensamento catastrófico reciclando no presente os medos passados. A maioria deles nunca acontece. Perguntar vira um hábito, e você fica mais confortável com os "e se" porque eles o deixam em alerta vermelho e o convencem a tentar controlar resultados futuros imprevisíveis.

Os "e se" se expandem quando você os revira em sua cabeça. Seus pensamentos se distorcem a ponto de você lidar com uma ampliação do problema, não com o problema real.

Deixando para lá seus "e se", você economiza muito ranger de dentes e tempo perdido que poderia ser colocado no trabalho. Se você espera para tirar conclusões *depois*, não *antes* de receber as evidências, aprende que o "é assim" em geral contradiz o "e se".

SEJA CORAJOSO

Às vezes, você não tem certeza de qual direção tomar quando está sendo perseguido por demandas profissionais. Se estiver disposto, pode abrir-se às possibilidades e ficar mais confortável em mudar velhos hábitos que não funcionam. Você está aberto às mudanças, ainda que não conheça a natureza delas. Está preparado para abrir mão da necessidade de controlar, de ser perfeito e da compulsão de passar seu tempo correndo e fazendo, em vez de ouvindo e observando. Depois que larga seus hábitos de trabalho excessivos, mostra disposição para deixar que uma Energia Superior o guie a mudanças que trazem completude e serenidade.

Tente este exercício: feche seus olhos e interiorize-se. Com generosidade, imagine-se abrindo os braços e estando disposto a aceitar qualquer mudança que a vida trouxer – as boas e as ruins. Cultive a crença de que tem dentro de si a coragem para lidar com as mudanças, independentemente da forma em que vierem.

AFASTE

Você vê a vida com uma lente de zoom ou uma lente grande angular? Quando sua mente fecha o cerco, ela faz os problemas e obstáculos parecerem maiores. A lente grande angular é expansiva e ajuda a ver mais possibilidades.

Identifique uma reclamação que tem sobre sua vida ou sobre si. Talvez você ache que seu fundo de investimentos não é grande o suficiente ou se preocupe com ter que virar várias noites para recuperar o tempo perdido. Depois de identificar a reclamação, pense sobre o cenário geral. Ampliando sua visão, qual a importância desse fato sobre sua vida? Em geral, você descobrirá que suas insatisfações incomodam menos quando colocadas em um contexto mais amplo.

A lente da sua mente – não as condições da sua vida – determina seu nível de descontentamento. Quando você consegue ver uma situação de mais de um ponto de vista, a clareza aumenta, a infelicidade dissipa e a paz interior supera as circunstâncias verdadeiras da sua vida.

NÃO USE TELEPRESSÃO SOBRE SI

Telepressão é a urgência de responder imediatamente a mensagens do trabalho, não importa o horário em que cheguem. Quando um dispositivo toca, você não consegue resistir à urgência em responder, porque isso ativa a reação de estresse e causa uma onda de dopamina. A telepressão piora o sono, cria altos níveis de esgotamento e resulta em mais faltas ao trabalho por doença.

Tente deixar eletrônicos no mudo durante folgas e depois do trabalho, para não ser enganado pelo alerta de seus aparelhos interrompendo suas horas de relaxamento. Use toques personalizados para família e amigos, de modo a filtrar as ligações, e confine aparelhos sem fio a áreas específicas de sua casa durante as horas livres. Pegue leve nas mensagens instantâneas para não criar a expectativa de estar disponível 24 horas por dia.

FAÇA UMA VIAGEM SEM CULPA

Só 57% dos americanos tiram as férias a que têm direito. Você pode ser um dos que leva toneladas de trabalho em viagens de lazer ou recusa totalmente as férias porque as responsabilidades extras no trabalho as tornam estressantes demais. Você precisa adiantar as tarefas antes de sair e trabalhar em dobro quando volta. Então, diz que o tempo livre não vale a pena. Mas vale.

O motivo principal das férias é restaurar sua mente e seu corpo e lhe fazer ver a vida com novos olhos. Colocar limites é a chave. Limitar a comunicação com o escritório enquanto estiver viajando pode ser menos estressante do que se preocupar com as coisas se acumulando.

Comece tirando seus dias de férias. Aí, quando estiver fora do escritório, imponha limites ao trabalho (por exemplo, uma hora por dia para checar e-mails ou fazer ligações). Não trabalhe até o exato momento de ir nem saia do avião e vá imediatamente para o trabalho. Se possível, agende um dia extra antes de sua ida e outro quando voltar, para entrar com calma na rotina.

ADMINISTRE AS VIBRAÇÕES DE CHEFES NEGATIVOS

Estudos demonstram que se você tem uma interação negativa com seu chefe, o coração é afetado e a pressão sanguínea dispara. Isso acontece ao deixar que uma situação negativa domine sua mente. Quando um chefe o repreende, o efeito vai para sua vida pessoal nas horas livres.

Seu chefe tem poder sobre o seu emprego, mas não sobre a sua vida. Você sempre pode escolher entre agir ou reagir às situações negativas. Reagir é uma resposta precipitada a ameaças, enquanto agir exige controle consciente de sua vida. Quando você age, lembra que o poder dentro de si é maior do que os desafios que enfrenta no trabalho.

Não precisa esperar a empresa decidir o que faz sentido para você. Pode avaliar seu trabalho e decidir sozinho. Até onde está disposto a ir para atender às demandas irracionais de um chefe? Está preparado para agir em vez de reagir da próxima vez que tiver uma troca desconfortável com seu supervisor?

REÚNA SEU ESTOQUE DE POSITIVIDADE

Quando você tem pensamentos positivos regularmente, eles trazem benefícios cumulativos que se sobrepõem aos seus pensamentos negativos. Cientistas chamam isso de efeito ampliar e construir. Se você quer diminuir o estresse no trabalho, aguentar os desafios profissionais e encontrar equilíbrio entre sua vida pessoal e profissional, aqui estão alguns itens que você pode acumular em seu estoque de positividade:

- Afaste-se de pensamentos negativos e amplie sua visão considerando todas as possíveis soluções.

- Encontre o lado bom em momentos ruins do trabalho.
- Pratique uma conversa interna encorajadora para contrabalançar autojulgamentos negativos.
- Foque nos aspectos positivos da sua vida nos quais você pode fazer a diferença.
- Conviva com colegas e amigos positivos. Tal como a negatividade, a positividade também contagia.
- Comemore cada vez que chegar a um marco ou conquista profissional importante para afirmar o quanto você é incrível.
- Nunca recuse ou subestime a oportunidade de perseverar numa crise profissional. Ela é como você a enxerga e seus pensamentos otimistas podem fazer toda a diferença.

CONTINUE CALMO E SIGA EM FRENTE

Ficar calmo frente a um grande desafio é tão difícil quanto resistir à urgência de se coçar. É preciso prática. A verdade é que frustrações e decepções profissionais podem sequestrar suas emoções e fazer com que você reaja de formas não saudáveis. Ao passar por uma decepção sem reagir de forma exagerada, você evita piorar as coisas.

Quantas vezes você esteve no meio de uma atividade que exigia sua atenção total e foi interrompido por alguém? É provável que você tenha se irritado. Talvez tenha explodido. A serenidade ajuda a reconhecer que está irritado sem responder com raiva. Com prática regular, você aprende que não tem que reagir cada vez que estiver irritado ou decepcionado.

LARGUE O MARTELO DE JUIZ

Quando você comete um erro ou tem um retrocesso no trabalho e se julga, cria outra camada de estresse, fazendo com que seja mais provável desistir. Enfrentar uma situação desagradável com imparcialidade reduz o nível de estresse. O autojulgamento o joga num ciclo de retrocessos: "Comi um pedaço de bolo de cenoura" vira "Já acabei com a minha dieta, então melhor comer logo um segundo pedaço", que se transforma em "Que fracassado; nunca vou emagrecer." Você se sente mal não por comer o bolo, mas por se julgar. E os sentimentos ruins o jogam num ciclo de buscar conforto no próprio comportamento que está tentando dominar.

Da próxima vez que seu autojulgamento aparecer após uma decepção, tente não passar com tudo por cima dele. Em vez disso, reconheça o sentimento desagradável e sussurre algo imparcial como: "Olá, julgamento. Vejo que está ativo hoje." Esse simples reconhecimento acalmará um estado de espírito ruim.

NÃO SE ISOLE

Muitas vezes, você pode sentir que é o primeiro a passar por uma experiência em particular: perda de emprego, término de relacionamento, rejeição. Quando se isola dos outros, pensa que seus sentimentos são exclusivos seus e que ninguém mais poderia entendê-los.

Você precisa de um sistema de apoio para não se sentir sozinho. Amigos íntimos sabem como é difícil manter um equilíbrio entre vida pessoal e profissional e, em vez de julgá-lo, têm empatia. Mas quando você passa tempo demais trabalhando, deixa de desenvolver ou manter esse apoio. Você tem alguém a quem possa confiar seus erros e suas preocupações? Se não tiver, analise se isolou-se a ponto de sentir-se do lado de fora da vida. Depois, faça um esforço para se conectar com alguém em quem confie, com quem se sinta seguro e que lhe encoraje a seguir em frente.

Em suas leituras diárias, reuniões do Workaholics Anônimos ou conversas com padrinhos, você começa a perceber que não está só. Conseguir entender a dor alheia diminui a sua própria. Sentir-se compreendido por outra pessoa conforta e ajuda a navegar por águas turbulentas.

PUXE O FREIO

A vida nunca se move com rapidez suficiente para você que está sempre correndo. Você não conhece seus limites e se força a ir além da capacidade humana. Abordando o trabalho de forma mais lenta, você pode conquistar mais, fazer um trabalho melhor e manter sua saúde. Aqui estão algumas ideias do que fazer e do que não fazer para puxar o freio.

FAÇA: Considere formas de diminuir o seu ritmo de vida. Separe momentos para comer, caminhar e dirigir mais devagar. Esteja disposto a dizer não quando já está sobrecarregado. Para cada novo compromisso de trabalho que aceita, elimine um de sua lista de afazeres. Reconheça a sua pressão interior para ficar ocupado fazendo algo e reserve um tempo para respirar. Respire fundo algumas vezes durante o dia.

NÃO FAÇA: Recuse-se a deixar a emergência de alguém virar uma crise sua. Evite equilibrar várias tarefas de uma vez, já que fazer uma por vez é mais produtivo que ser multitarefas. Se você começar a se sentir inquieto e entediado, tente apenas reconhecer isso e aceitar para que possa lidar bem com essa agitação.

TORNE-SE MAIÚSCULO

Você pensa em si mesmo como eu ou EU? Pode parecer uma pergunta boba, mas não é. Se pensa em si mesmo como minúsculo, como pequeno e insignificante, isso aparecerá em todos os aspectos da vida. Se pensa que é pequeno demais para fazer alguma diferença, siga o conselho do Dalai Lama: "Experimente dormir com um mosquito."

O tamanho de sua estrutura – seja você homem ou mulher, homossexual ou heterossexual, magro ou robusto – nada disso importa de verdade no que diz respeito a sua habilidade. Você precisa tratar-se muito bem dentro de seu corpo em vez de encolher-se em suas negociações, seu comportamento, sua voz interior e nas formas como permite ser tratado no trabalho.

Ter autoestima alta, ser seu maior torcedor, dizer a si mesmo "parabéns" – tudo é importante para o equilíbrio entre vida pessoal e profissional. Tire uns minutos para contemplar pensar em si mesmo como maiúsculo, poderoso e merecedor. Aí, note o que acontece por dentro.

SILENCIE O ALARME

É provável que você lide com tarefas como se estivesse sendo ameaçado. Quando você não está amarrado à mesa de trabalho, o alerta vermelho também pisca por dentro, mesmo que não haja motivo. É simples biologia: seu sistema límbico é projetado para exagerar seus medos e suas preocupações com fins de proteção e sobrevivência. O sistema límbico (cérebro de lagarto) desliga seu córtex pré-frontal e o enche de substâncias de estresse.

Quando você está ciente de que seu cérebro de sobrevivência está em alerta, consegue respirar fundo, dar um passo para trás e ficar curioso. A curiosidade ajuda a ganhar clareza sobre por que você se sente ameaçado sem motivo. Pergunte-se: "Do que tenho medo?" ou "Quais as chances de isso realmente ocorrer?" ou "Qual a pior coisa que pode acontecer?"

Abdicar do autojulgamento e agir com confiança em vez de alarde evita que você se ataque e faz com que seja mais fácil ver o que realmente está acontecendo. A função executiva do cérebro entra de novo em ação, criando uma visão ampla e imparcial de como você, sem querer, está gerando situações estressantes para si mesmo.

DURE MAIS QUE O *BURNOUT*

Se você está se consumindo, pode estar a caminho do *burnout* – a exaustão física e o esgotamento de energia emocional causados pela ausência de equilíbrio entre vida pessoal e profissional. Por sorte, o autocuidado pode tornar esse trajeto mais lento e recarregar suas baterias – basta pensar nas práticas de autocuidado como tirar o pé do acelerador e pisar no freio para não bater em uma parede. Pisar no freio e recarregar suas baterias o prepara para ser mais produtivo, eficaz e mais feliz em geral.

Separe um tempo a cada dia para relaxar, exercitar-se, divertir-se, meditar, rezar, fazer ioga, dar uma caminhada no quarteirão ou só ficar olhando a grama crescer. Faça uma lista de coisas para *ser* ao lado de sua lista de coisas para *fazer*. O que vai estar nela?

SEJA RESILIENTE

Quando as coisas não vão bem, o que é inevitável de acontecer, você se vê desmoronando sob os golpes? Sofre com o medo de tomar a decisão errada ou consegue se recuperar e seguir em frente?

A resiliência no trabalho permite que você persevere depois de 99 rejeições, para poder ter sucesso na centésima tentativa. Desde o início dos tempos, todos os grandes pensadores em todas as áreas pregaram a mesma sabedoria: "Nunca desista".

A maré muitas vezes vira quando você está pronto para jogar a toalha. Deixar sua marca no mundo profissional é difícil e exige cultivar uma zona de resiliência.

Depois de não conseguir atingir um objetivo, você talvez diga a si mesmo que não consegue continuar e quer desistir. Mas não quer desistir de verdade. Só parece que é a única opção. Não é.

Você nem fracassou de verdade; só chama de fracasso porque suas expectativas não foram alcançadas. Está simplesmente atravessando um vale pelo qual passa a maioria das pessoas até chegar à montanha do sucesso.

ADMITA SEUS ERROS

O passo 5 do Workaholics Anônimos: "Admitimos a Deus, a nós mesmos e a outro ser humano a exata natureza dos nossos erros." Todos nós os cometemos. Você verá que a parte mais difícil é admiti-los e viver com as consequências. Talvez seus excessos o tenham isolado de amigos ou lhe feito negligenciar familiares. Ou talvez você tenha desenvolvido hábitos controladores que excluem colegas cooperativos e ansiosos para trabalhar em equipe. Admitir quando está errado permite que você se perdoe com todas as suas imperfeições humanas. Compartilhar suas falhas com alguém que você ama, um colega de empresa ou um grupo de workaholics em recuperação o liberta da autocondenação e da necessidade de justificar, racionalizar, minimizar ou atacar. Você se torna mais honesto consigo e reconhece seus antigos comportamentos arrogantes sem culpa nem autocondenação.

Você nunca vai parar de errar, mas pode parar de negar os erros. Por mais que tente, você nunca será perfeito, mas pode buscar a excelência. Quando cometer erros, é importante parar de se chicotear e aproveitar a oportunidade para aprender e melhorar da próxima vez. Uma cagada é uma professora gloriosa que pode ser usada a seu favor. Ela lhe dá uma oportunidade de reconhecer sua humanidade – uma chance de admitir quando você está errado e dar passos enormes na direção da integridade. Se você não cometesse erros, como conheceria sua condição humana honesta ou veria o quanto suas ações machucam os outros? Se evitar a dor de seus fracassos humanos, você automaticamente evita seu crescimento. Sem enfrentar a verdade, como você encontrará novas formas de ser a melhor pessoa possível e viver uma vida feliz e realizada?

ENSINAMENTOS DE MAIO

- Coloque exercício e movimento no topo de sua lista ou fique de pé enquanto trabalha para compensar as horas prolongadas em uma mesa.
- Pratique assumir imediatamente seus erros ou falhas para si e para os outros sem se condenar, e observe sua integridade crescer.
- Coloque limites para ser mais eficiente e realizado no trabalho, em casa e em momentos de lazer.
- Comece cada dia com uma atitude de "sim" em vez de "não" – uma disposição a viver com a incerteza da vida e uma abertura a todas as alegrias, desafios e decepções que vierem.
- Tire férias sem culpa para restaurar sua mente e seu corpo e ver a vida com novos olhos.
- Tire um tempo a cada dia para autocuidado, contemplação consciente e autorreflexão.

JUNHO

Aceitar demandas demais, comprometer--se com muitos projetos, querer ajudar a todos em tudo é sucumbir à violência.

— THOMAS MERTON

ILUMINAÇÃO

No ensolarado mês de junho no hemisfério norte, o solstício de verão marca o dia mais longo do ano, e já estamos na metade dos doze meses. Pense em junho como um momento de iluminação profunda, quando sua consciência tem oportunidade de brilhar com ainda mais fulgor. Esteja disposto a remover hábitos de trabalho que o mantiveram preso ao vício – talvez alguns dos traços de personalidade não saudáveis que você identificou no mês de abril, como impaciência, inquietude, perfeccionismo e incapacidade de relaxar. Essas características não são você. São partes automáticas e impulsivas de você que tomam decisões inconscientes, não lhe trazem vantagem e escondem seu verdadeiro eu.

Como mariposas na luz, workaholics são atraídos por trabalhos de alta pressão e que devem ser feitos na velocidade da luz. Se soa familiar, você provavelmente faz o estresse piorar se sobrecarregando com mais do que consegue lidar. Algo chamado pelos budistas de Visão Correta pode ajudá-lo a ficar pronto para mudar velhos pensamentos e ações que o seguram num estado de turbulência. Liderado pela Visão Correta, você aprende a estar consciente de seus hábitos de trabalho desagradáveis, prestar atenção aos tipos de ambientes workaholics que o atraem e prosperar. Uma prática de mindfulness que ensina a relaxar chama-se *consciência aberta* – observar pacificamente tudo o que faz para aumentar a consciência do que está acontecendo momento a momento no fluxo de suas atividades diárias, como trabalhar, caminhar e comer de forma consciente.

Começando agora, eu o convido a refletir sobre as partes workaholics que dominaram sua vida, o levaram a tomar decisões insalubres e o impediram de viver uma vida completa e integrada. Não é tão impossível quanto você pensa. Quando se está disposto a jogar luz em seu interior, é possível corrigir esses velhos padrões e cultivar novos que apoiem a integração entre vida profissional e pessoal. Você recebe ajuda da consciência aberta conforme passa por sua rotina, notando, por exemplo, as sensações de seus pés contra o chão enquanto vai do estacionamento ao escritório, o céu aberto e a vista e os sons ao seu redor.

Ao ler as meditações deste mês, pense em iluminar, com curiosidade, as partes de si que ficam mantidas silenciosamente no escuro. A iluminação torna possível que você faça mudanças saudáveis, conecte-se com seu Eu Verdadeiro mais profundo e se veja completo. Uma vez lá, você nota mais de si mesmo, recusa-se a diminuir seu potencial e valoriza a serenidade e a leveza tanto quanto o trabalho duro e o esforço.

COMECE NO DIA UM

Este exercício de consciência aberta pode ajudá-lo a desacelerar e tornar-se mais atento a seu corpo, sua mente e seu espírito durante o dia.

Da próxima vez que for ao local onde trabalha, imagine que é novamente o primeiro dia. Note a entrada, a arquitetura do exterior e do interior do prédio e as pessoas em suas estações de trabalho como se nunca tivesse visto essas coisas antes, valorizando-as com interesse renovado. Que sons você ouve e quais cheiros enchem o ar? Esteja consciente das expressões faciais de seus colegas. Olhe para além dos olhos deles e veja seu coração e sua alma, registrando o que está marcado ali. Note se sente julgamento ou compaixão pelas pessoas e situações que está observando. Não importa como se sinta, tente não se julgar pelos sentimentos.

PARE DE RECLAMAR NO TRABALHO

Pessoas que reclamam no trabalho levam as adversidades para o lado pessoal e acreditam que não há nada que possam fazer para melhorar. É importante reconhecer que o hábito de se queixar pode fazer com que você não suba na hierarquia profissional. Se você tem tendência a ser um pessimista que reclama, tente não levar as dificuldades do trabalho para o lado pessoal. Foque em encontrar soluções para os obstáculos em vez de reclamar deles.

Mesmo quando o trabalho é desafiador e estressante, sua mente pode o levar longe. Preste atenção à atitude que tem no trabalho ou em casa e tente controlá-la. Tire um minuto para contemplar uma ou duas dificuldades negativas que o trabalho lhe trouxe. Veja se consegue encontrar algo que ganhou com os desafios. Então, nomeie outros aspectos positivos pelos quais você anseia e de que gosta.

EVITE SE COMPARAR

Quando você usa a vida alheia como medida para avaliar a sua, acaba se julgando de forma injusta e sai em desvantagem.

Quando se compara aos sucessos dos outros, se rebaixa automaticamente. E acredita na comparação, mesmo que os outros tenham grande consideração por você. A forma de sair desse ciclo é regozijar-se na prosperidade dos colegas ao mesmo tempo em que valoriza sua própria sorte e qualidades especiais. Jogue a modéstia pela janela e pare agora para considerar suas características especiais e dons únicos. Então, pergunte a si mesmo se acredita neles. Se não, como pode refinar sua atitude para afirmar-se e agir com mais equilíbrio e, portanto, de forma otimizada?

CULTIVE A AUTOCOMPAIXÃO

Aposto que você nem sonharia em tratar alguém que ama da forma como trata a si: culpando-se por erros humanos mínimos, desacreditando em suas capacidades ou julgando-se de forma dura. Uma voz interior compassiva o ajuda a melhorar, assim como aplicar remédio em uma ferida.

Comece a observar com que frequência você se rebaixa. Depois, passe a abraçar a voz punitiva com uma voz acolhedora: *Vá com calma. Você consegue. Respire e não tenha pressa. Vai ficar tudo bem.* Essa prática libera emoções positivas como entusiasmo, interesse, inspiração e empolgação, e lhe dá mais confiança para enfrentar as pressões diárias.

ENCONTRE-SE NO MEIO DO CAMINHO

Você provavelmente categoriza trabalho e vida em extremos de preto e branco sem perceber, cegando-se aos tons de cinza em que geralmente está a verdade.

Quando você ficar preso no pensamento preto e branco do workaholic, tente permitir-se encontrar a área cinza – aquele ponto mais ou menos entre os extremos conhecido como o meio do caminho – para ter mais equilíbrio entre vida pessoal e profissional. "Preciso fazer meu trabalho de forma perfeita ou é melhor não fazer" se torna "Não tenho que ser perfeito em tudo. Posso arriscar e aprender com meus erros".

Após uma prática dedicada a buscar o cinza, você começa a notar o meio do caminho com muito mais clareza e mais compaixão consigo mesmo, e coloca sua vida pessoal e profissional num equilíbrio saudável. Por que não buscar esse caminho menos extremo?

EVITE A CULTURA WORKAHOLIC

É importante que você não só esteja consciente de seus padrões profissionais, mas também preste atenção aos tipos de ambiente de trabalho que o atraem. Workaholics se veem atraídos por e prosperam em empregos de alta pressão que colocam a produção acima do bem-estar dos funcionários.

Ao buscar um novo emprego, procure posições que levem em consideração o cuidado com os funcionários. Procure lugares que enfatizem saúde e bem-estar, que também querem que você tenha uma vida fora do escritório. Leva um tempo para pesquisar as empresas on-line antes das entrevistas, mas lembre: cuidar de sua felicidade é o melhor tipo de dever de casa que você pode fazer!

CELEBRE SUAS CONQUISTAS

Muitos workaholics sofrem de *síndrome do impostor* – a incapacidade de internalizar conquistas profissionais. Você pensa que é uma fraude, capaz de fazer as pessoas acharem que é competente ou talentoso, embora ainda não tenha convencido a si. Por trás da síndrome do impostor está a crença de que você não tem valor e tem defeitos profundos, e o medo constante de se expor. Mesmo quando as situações contradizem essas ideias, você as desconsidera para manter sua autoimagem. Para sentir que tem valor, você se sobrecarrega de trabalho, esperando começar a se ver na mesma luz positiva que os outros o veem.

Encontre motivos para orgulhar-se de si; pense em suas conquistas e em todo o seu trabalho. Há muito a celebrar quando você se livra dos sentimentos de inadequação e abraça seus sucessos.

RELAXE SEU DESEJO POR CONTROLE

A necessidade de controle é a principal característica do vício em trabalho. Você acredita ser o único capaz de resolver um problema, quando a verdade é que ele poderia ser delegado. Quando um projeto sai de suas mãos, você sente uma perda de controle. Pode ser difícil confiar a outra pessoa uma tarefa que você sabe que pode fazer bem.

Em vez de planejar demais, tente ser espontâneo e um pouco mais flexível. Quando não puder controlar o que está acontecendo, desafie-se a relaxar e focar em controlar o como reage a esse acontecimento – e não a tudo ao seu redor.

SEJA PACIENTE CONSIGO

Quando é hora de mudar, pode ser fácil tentar apressar suas decisões para virar a página, embora isso leve a resultados desastrosos. Não dá para querer mudar velhos pensamentos e hábitos em um dia, uma semana ou mesmo um mês. Leva muito tempo para virar workaholic e a recuperação do vício também é longa.

Quando se vê ficando impaciente com a velocidade de seu próprio progresso, a simples frase "um passo de cada vez" ajuda a navegar por um mar de frustração e imobilização. Seu progresso continua quando você consegue admitir a si mesmo que não tem poder de fazer as coisas se moverem mais rápido.

ADOTE O DESCANSO RESTAURADOR

Quando trabalhar demais é a regra, relaxar fica em segundo plano. Mas o descanso fortalece sua habilidade de pensar criativamente, de trabalhar em equipe e permite que você recarregue as energias.

O descanso restaurador lhe dá o equilíbrio entre vida pessoal e profissional necessário para ter sucesso em todas as áreas. É o descanso passivo em que sua mente entra num estado similar ao do sono desperto, com respiração e frequência cardíaca mais lentas. Ele permite que você dê uma pausa de autocuidado, com atividades que o tiram de sua vida de trabalho 24 horas por dia e clareia a sua mente. Torne o descanso restaurador parte de sua rotina, para poder encontrar aqueles momentos sem imperativos, nos quais você não precisa ser nada diferente.

PERMITA-SE RIR

Às vezes, pode parecer irresponsável abordar a vida de forma mais leve. Risada e diversão parecem o oposto de fazer o trabalho. Sua determinação séria e sem humor o faz pensar que a vida tem que ser só trabalho e nenhum lazer. Você talvez até despreze as pessoas que riem, contam piadas ou criam leveza no escritório. Mas quando você esquece de rir de si e de ver o lado bem-humorado das coisas, permite que as ocupações filtrem a alegria da sua vida.

Viver em equilíbrio exige que você se abra para a diversão. Uma pitada de humor não tira nada de sua produtividade, só adiciona tempero em um dia de trabalho estressante, alivia sua carga de trabalho e melhora a produtividade e a moral. O ingrediente secreto de um dia mais equilibrado e delicioso é uma ou mais gargalhadas para aliviar as pressões.

Quando foi a última vez que você riu assim? Foi o que pensei. Agora, enquanto se ilumina, é hora de descontrair!

SIRVA UM SANDUÍCHE DE ELOGIOS

Às vezes é difícil ser honesto e direto na comunicação, então, em vez disso, você nega que os problemas existem ou comunica--os de maneiras sutis e indiretas. Talvez dê dicas casuais, use comportamentos não verbais, peça para outra pessoa falar por você ou espere que os outros leiam sua mente.

O método de comunicação do sanduíche de elogios pode ajudar a expressar sentimentos difíceis ou dar *feedback* construtivo. Ninguém gosta de ser arrasado por comentários negativos, mas se você começar com uma afirmação genuinamente positiva, fica mais fácil para o destinatário receber a crítica. Depois, você fecha com outro elogio. Esse método permite que você dê *feedback* direto de forma que os outros ouçam sem ficar na defensiva.

Você já evitou tanto confrontar um ente querido ou funcionário que isso criou um abismo entre vocês? Se sim, que abordagens de comunicação poderia adotar para consertar o relacionamento? Tente essa nova ferramenta e permita-se lidar com seus problemas e trazer cura a sua vida.

TIRE TEMPO PARA SI

Você está ocupado demais para passar um tempo de qualidade com quem ama. Rejeita convites porque não tem tempo. Torna-se irresponsável no que diz respeito a manter sua saúde física e mental. Não é que você não tem tempo para si, é que não está *tirando* esse tempo.

A verdade é que sua primeira responsabilidade é com a sua saúde, e a recuperação do excesso de trabalho mostra como passar o autocuidado para o topo da lista. Tente aprender a passar menos horas sendo um funcionário com responsabilidades demais. Crie o hábito de passar mais tempo com sua família e seus amigos, vivendo sua vida de forma mais completa.

ENCONTRE UM NOVO PROPÓSITO

A compulsão de trabalhar à custa de todo o resto é uma doença da alma. Pode ser fácil colocar todo o seu propósito de vida no trabalho, em especial quando é elogiado por suas conquistas profissionais. Apesar disso, há um buraco grande lá dentro, uma perda de seu verdadeiro significado e propósito.

Trabalhar constantemente vira uma substituição para um propósito de vida real, pois dá uma falsa sensação de segurança, poder e controle sobre a sua vida. Mas há um preço, pois você experimenta esgotamento e perda de uma base espiritual.

A recuperação ajuda a parar de confundir "ter uma carreira" com "ter uma vida" e a achar passatempos construtivos. Você pode achar um novo propósito e significado através de uma conexão espiritual. Perdeu contato com o que é importante na vida? Se sim, contemple algumas ações que pode tomar para remediar a perda. Encontre seus valores essenciais e um propósito que possa trazer a alegria de uma vida relaxada e equilibrada.

FOQUE NO RESULTADO

É provável que você seja menos produtivo por focar em atividades, não em resultados. Em muitos casos, workaholics trabalham só por trabalhar e ficam mergulhados em detalhes. Muitas tarefas poderiam ser resolvidas com menos envolvimento e menos tempo.

Você talvez se convença de que é necessário trabalhar num sábado para cumprir um prazo. Um trabalhador relaxado pode fazer esforço extra durante a semana, pedir ajuda ou encontrar maneiras mais eficientes de resolver a tarefa para ter o fim de semana livre. Para o mundo exterior, o workaholic parece estar mais envolvido no trabalho, mas a motivação não é se sair melhor, só continuar e bloquear sentimentos desagradáveis. E você? A quantidade de esforço que coloca em tarefas profissionais é igual ao seu nível de produtividade? Será que poderia lidar com projetos de trabalho de formas mais eficientes para manter um equilíbrio entre tempo de trabalho e de lazer?

ABRACE A REJEIÇÃO

É difícil lidar com rejeições relacionadas a coisas importantes para nós. É por isso que sentimos dor quando não somos contratados para aquele cargo, não passamos naquela prova ou não recebemos aquela mensagem depois de um encontro com o qual estávamos animados. A rejeição no trabalho pode doer ainda mais, por exemplo, se a gerência escolher um colega para ser promovido no seu lugar.

É provável que sua vida pessoal e profissional envolvam muita rejeição em todas as fases e isso pode ser devastador. O sucesso, porém, é encontrado na rejeição. Na recuperação, você aprende a aceitar o oposto de seus desejos. Aprende a aceitar a derrota da mesma forma que aceita a vitória. Afinal, não é possível ter sucesso sem fracassar. Pense na rejeição como um tropeço, não como o fim da linha.

Seu poder está em como você reage à rejeição – não na rejeição em si. Lembre que você não está sozinho. A rejeição, em geral, não é um tapa na cara pessoal. Aliás, muitas vezes é um presságio de coisas boas.

CULTIVE A RESISTÊNCIA AO ESTRESSE

Você nem sempre mantém o corpo e a mente na melhor forma. Talvez consuma *fast food* e esqueça de descansar e se exercitar. Talvez sempre coma com pressa, durma pouco e ignore dores que podem indicar estresse ou sinalizar doenças sérias. É hora de começar a dar o combustível apropriado para seu corpo para poder lidar com o estresse de forma mais saudável.

Os cientistas ligam a forma física à resistência ao estresse. O Santo Graal da redução do estresse é exercício regular, muito sono e boa alimentação; juntas, essas coisas o tornam mais forte. Quando você separar o tempo para tornar esses hábitos seu estilo de vida, descobrirá que fica mais tolerante a probleminhas e irritações mínimas como esperar em filas, trânsito ou atrasos de voo. Afinal, atender às suas necessidades com amor e atenção lhe dá o sustento espiritual para curar corpo e mente.

ACOLHA A GLÓRIA DE FICAR SOZINHO

Levante a mão se você fica sobrecarregado e acelerado mesmo depois do trabalho. Imaginei. Você não é o único. Muitos de nós não sabemos como nos desligar o suficiente para lidar com a ausência de pessoas e atividades. Talvez você resista a ficar sozinho e viva sua vida hiperocupado para manter longe os sentimentos de isolamento, por medo do que pode encontrar à espreita. É preciso valorizar de verdade a única companhia que você tem do nascimento à morte: você mesmo.

Solidão é a pobreza do eu; ficar sozinho é a riqueza do eu. Você pode começar a encontrar paz e serenidade em estar só – um santuário que cria em casa, no escritório ou em outro lugar especial onde pode meditar e refletir sobre a vida. Ficar sozinho fertiliza de novo o solo que você sente estar ruindo sob seus pés com o desgaste dos compromissos diários. Ajuda-o a tornar-se um quebra-mar contra as idas e vindas da maré diária.

MUDE SUA PERSPECTIVA

Seja você um pai zeloso, uma pessoa de negócios motivada ou um aposentado preocupado com um futuro incerto, os fatores de estresse chegarão em algum momento. Pode ser fácil ter uma perspectiva negativa e focar no que está dando errado.

Em vez de focar no negativo, é hora de desafiar-se a pensar diferente. "Estou pagando mais impostos do que nunca este ano" vira "Ganhei mais do que nunca este ano". "Não vou à festa porque não conheço ninguém" vira "Se eu for à festa, posso fazer novas amizades". Ou quando você encontra boas notícias em meio às más: "O carro do meu amigo deu perda total" vira "O carro deu perda total, mas ninguém ficou ferido."

Adotando uma perspectiva diferente sob pressão, você pode reformular sua maneira de pensar e se treinar para achar o lado positivo de uma situação. Fazendo isso, pode cultivar emoções positivas e começar a trazer calma para sua vida.

MANDE A COMBATIVIDADE EMBORA

Há dias em que parece que o equilíbrio entre vida pessoal e profissional é uma dificuldade perpétua, uma batalha depois da outra. Quando você sente que está constantemente lutando e perdendo, é hora de olhar o que está acontecendo por dentro. Às vezes, você pode inconscientemente criar linhas de batalha com suas atitudes combativas. Talvez tente forçar os outros a aceitarem o que você quer, resista a ouvir outros pontos de vista ou se apegue a formas antigas de fazer as coisas. Sendo brigão ou autoritário, você cria uma guerra dentro de si sem perceber.

Quando algo desagradável acontece, o que o irrita não é a situação, mas a atitude que você assume. A experiência não é boa nem má. Ela só é. No minuto em que você a julga com base em sua perspectiva subjetiva, envolve-se emocionalmente. Aumentar uma situação pode significar que você perdeu a perspectiva. Precisa aprender que muitas provações são, na verdade, coisas sem importância.

Que atitudes combativas precisam ser mudadas? Você está insistindo que as coisas têm de ser do seu jeito? Espera que a vida aconteça segundo seus termos? Está forçando, resistindo ou se apegando à ideia de que isso tornará seus dias aceitáveis?

LIMITE SUA PROCRASTINAÇÃO

Quando você fica assoberbado com o trabalho, a procrastinação vira um dos métodos mais comuns para lidar com a carga. Você pode evitar o trabalho por medo de que seus esforços não sejam perfeitos o suficiente, mas, aí, a carga cresce. Com o trabalho se empilhando, você fica ansioso, irritado e chega a sentir ódio de si. A curto prazo, enrolar dá um alívio temporário, mas, a longo prazo, adiciona uma segunda camada de pressão, piorando tudo.

Você é mais poderoso que sua procrastinação. Pode se permitir ser imperfeito e cometer erros para quebrar o ciclo de adiar as coisas. A chave é encarar sem demora essa lista de tarefas cada vez maior, em vez de esperar até o último minuto. Dividir as tarefas em itens menores e lidar com uma de cada vez, em vez de focar no cenário geral, impede que a pilha de coisas a fazer torne-se opressora. Com vários itens em sua lista, decida quais são essenciais e comece com aqueles que pode resolver rapidamente.

ESFORCE-SE PARA SER BOM DE VERDADE

No passo 6 do Workaholics Anônimos, você está pronto para que suas imperfeições sejam removidas. Na tentativa de ser perfeito, você se torna incapaz de tolerar erros e tenta evitá-los ou escondê-los. Essa desonestidade diminui sua autenticidade e, ironicamente, cria a imperfeição que você tenta evitar. Se você quer ser bom de verdade, sua integridade é mais importante do que o medo de como os outros o percebem. Admita a natureza exata de suas falhas e aprenda com elas. Esteja preparado para que elas sejam removidas e torne-se mestre da autocorreção.

Para ser bom de verdade, você não precisa ser o mais forte nem saber mais que os outros. Seja honesto sobre o que não sabe, em vez de se vangloriar sobre o que sabe. Admitir a natureza exata de seus erros e estar disposto a removê-los não significa rebaixar-se nem virar complacente ou irresponsável.

Admitir quando está errado permite que você abra mão da desonestidade e faça as pazes com suas imperfeições humanas. Não diminui seu valor; eleva sua dignidade e o torna mais forte, um líder mais valoroso. Bom de verdade.

ENSINAMENTOS DE JUNHO

- Pratique a consciência aberta durante sua rotina para cultivar uma mente mais limpa e calma.

- Supere o pessimismo olhando para o lado bom de uma situação negativa e focando na solução, em vez de no problema.

- Desafie-se a abrir mão e se entregar quando não puder controlar o que está acontecendo e foque na forma como reage aos acontecimentos.

- Acolha momentos sozinho como oportunidades de banhar-se em autorreflexão ou meditação para recarregar suas baterias, mudar sua perspectiva e ficar calmo sob pressão.

- Esteja consciente do lado leve da vida para ajudá-lo a relaxar e alcançar mais equilíbrio.

- Esforce-se para ser bom de verdade – honesto e genuíno com os outros e capaz de admitir, corrigir e aprender com suas falhas.

JULHO

Tenha a humildade de se tornar amigo da sua própria mente, assim você não cansa seu cérebro e seu cérebro não cansa você.

HUMILDADE

O mês de julho recebeu esse nome em homenagem a Júlio César. Para a maioria das pessoas que estão de férias nesse mês, os dias são um momento para relaxar – viajar, caminhar, fazer churrascos. Mas workaholics, que se sentem culpados e ansiosos quando não trabalham, minimizam o valor do lazer e ignoram a diversão ao ar livre ou feriados. E você? Evita socialização, hobbies e atividades de lazer? Continua trabalhando em locais fechados durante os meses de férias, mesmo depois que os colegas vão embora? Se sim, julho é o momento de refletir e meditar sobre como sua inabilidade de relaxar o isolou e deixou seu ego no controle.

O ego esconde o que é bom. Quando ele controla o seu jeito de ser, impede que você conheça seu Eu Verdadeiro e que integre completamente a sua vida. Seu ego sussurra que o trabalho é a coisa mais importante e que você só é "tudo isso" porque está em sua melhor forma, com prêmios, pagamentos gordos e reconhecimento.

Neste capítulo, ensino como se preparar por dentro para compensar as pessoas que você magoou por causa do foco exagerado de seu ego no trabalho. Agora que você se iluminou no mês de junho, o melhor remédio para a mudança e a transformação é uma grande dose de humildade. É difícil mudar falhas pessoais sem isso. A humildade dá uma visão sem filtros de si, para você poder enxergar que há mais em você do que projetos e prazos. E isso lhe dá uma perspectiva honesta de que entes queridos, amigos e colegas de trabalho também são mais importantes. Isso ajuda a renunciar à necessidade de controlar todas as pessoas e situações, saindo do centro de seu universo para tornar-se uma parte harmoniosa de sua família, grupo social ou local de trabalho.

Você desenvolve compreensão e empatia por aqueles ao seu redor, talvez pessoas que você desprezou ou ignorou. Ou por aqueles para quem você trabalhou tanto para que lhe aplaudissem, vissem sua genialidade, dissessem quanto você é maravilhoso ou invejassem seu sucesso. A partir de agora, você pode relaxar no mesmo nível de todos os outros e adaptar-se à vida deles, em vez de esperar que abram mão de tudo e se encaixem na sua. Você se observa mais atentamente, disposto a sentir a dor que medicou por tanto tempo estando compulsivamente ocupado e trabalhando demais. Sentir dor e alegria igualmente faz com que seja possível conquistar um estado de bem-estar mais profundo. A nova forma de relaxar vira um enorme elogio a seu legado de coisas a fazer.

Durante o mês de julho, você não é obstáculo a nada, não abarrota e não obstrui nada. Pensa menos em si e mais nos outros. E sente humildade com sua jornada de modéstia, em vez de tentar ser "tudo isso". Deixará este capítulo com a perspectiva de que o equilíbrio entre vida pessoal e profissional não tem a ver só com conquistas e reconhecimento ou com a ausência de chateação ou decepção, mas também com sua disposição de abrir os braços e aceitar todas essas coisas.

SILENCIE SUA MENTE

Ficar consciente por apenas dois minutos o ajuda a familiarizar--se com o impulso de estar ocupado. Este é o mês perfeito para deixar a natureza transportá-lo para fora de seu mundo artificial das redes sociais e tarefas, e silenciar sua mente. Embora dois minutos possam parecer uma eternidade, é importante lutar contra a inquietude.

Tente meditar por dois minutos sobre algum aspecto da natureza de forma despretensiosa. Observe a grama crescendo, veja uma planta ou concentre-se em uma cachoeira. Sinta a brisa no rosto, note as cores das flores ou preste atenção aos sons dos pássaros. Quando o impulso de fazer algo surgir, não vá contra. Foque nele como faria com um músculo durante um treino. Perceba como você se sente sem julgar ou tentar mudar essa sensação. Pergunte a si mesmo se o impulso o está distraindo ou mascarando outros aspectos de sua vida: ansiedade, medo, fracasso ou questões de intimidade. Então, tenha compaixão e respeito por qualquer que seja a razão e veja se acalma sua mente.

CUIDADO COM A BULIMIA DO TRABALHO

Algumas pessoas que apresentam padrões de trabalho fora de controle que se revezam entre episódios de compulsão e purgação caem na categoria de *workaholics bulímicos*. Será que é o seu caso? Se for, quando tem um prazo apertado, você entra numa produtividade frenética, seguida pela inércia. Compromete-se demais, espera até o último minuto possível, aí entra em pânico trabalhando freneticamente para completar uma tarefa.

A procrastinação e o perfeccionismo são dois lados da mesma moeda da bulimia profissional. Você procrastina por medo de não completar um projeto de trabalho de forma perfeita. Paralisado pelo perfeccionismo, passa por longos períodos de inércia. Mas, enquanto está estagnado para começar, não para de pensar em completar o trabalho. Por fora, parece que está evitando trabalhar, mas, por dentro, está trabalhando obsessivamente.

Quando você está sobrecarregado, adiar as coisas pode consumi-lo, deixando-o ansioso e irritável – fazendo inclusive com que sinta raiva de si. A chave é começar. Escolher um item da lista que você consiga realizar em pouco tempo tira o peso da procrastinação e o motiva a seguir para o item seguinte.

PARTICIPE DO DIA DOS WORKAHOLICS

Nos Estados Unidos, o dia 5 de julho marca o Dia Nacional dos Workaholics, dedicado a pessoas que passam tempo demais trabalhando e ignoram os outros aspectos de suas vidas. É um dia para conscientização dos trabalhadores de todo o país sobre o coquetel letal composto por fazer horas extras, não almoçar e não dormir.

Nesse dia, você é encorajado a fazer uma mudança no estilo de vida e a dar a devida ênfase a outros aspectos da vida: lazer, atividades sociais, hobbies, exercício, sono, alimentação saudável e relacionamentos. Senão, estará sujeito à fadiga, e um cérebro fatigado tem um tempo de resposta mais lento, capacidade reduzida de tomar decisões e perda de controle e da consciência situacional.

Hoje é o dia de espalhar a palavra e educar as pessoas sobre os perigos do vício em trabalho. Se você tem um workaholic em sua vida, peça para essa pessoa tirar um dia de folga para fazerem algo divertido juntos: almoçar em um restaurante ou fazer uma trilha. Se você é workaholic, tire o dia de folga, aprenda a relaxar e refletir sobre onde seu equilíbrio entre vida pessoal e profissional precisa de atenção. Se já faz mais de um ano que não tira aquelas férias das quais precisa muito, agende-as.

DESENVOLVA CLAREZA

Trabalhar demais impede que você veja que seu vício o dominou e nublou suas percepções. Como uma pessoa anoréxica que olha no espelho e se vê gorda, talvez você não leve a sério colegas e familiares que o acusam de trabalhar demais.

Fica tão envolvido em sua experiência subjetiva que nega as percepções objetivas daqueles ao seu redor. A negação faz com que você fique preso no vício ao mesmo tempo em que ofusca sua clareza da situação. Um funcionário relaxado num escritório sonha em estar em uma estação de esqui; um workaholic em uma estação de esqui sonha em estar de volta ao escritório.

Quando você levanta o véu que distorce sua percepção, a névoa de confusão e indecisão se dissipa. Você usa a perspectiva da "mente de iniciante" e começa a ver mais claramente por dentro e por fora. Tire alguns minutos agora e reflita sobre assumir a "mente de iniciante". Veja se consegue remover sua venda e experimentar a vida com mais clareza e possibilidades.

PARE DE FAZER DRAMA

Se você é o rei ou rainha do drama no trabalho, provavelmente coloca a si mesmo e os outros sob prazos irreais, se sobrecarrega e tenta fazer tarefas demais de uma vez. Transforma probleminhas em desastres completos, se desespera ao menor obstáculo, procura defeitos para reclamar de sua sorte na vida, e quando prospera no caos, se sente vítima, não sobrevivente. Enquanto você tem uma descarga de adrenalina e cortisol com as explosões dramáticas, colegas e subordinados ficam afetados pelo estresse.

Na recuperação, os muito dramáticos aprenderão que o sensacionalismo não é um substituto para o trabalho duro. Você se tornará humildemente consciente de qualquer tendência a entrar em modo de crise e, numa verdadeira crise, lembrará que a angústia é *opcional*, não *ideal*. Regulará seu humor, desacelerará seu ritmo de trabalho, evitará a sobrecarga e se absterá de fazer tempestades em copos d'água.

OUÇA SUA VOZ INTERIOR

Você já teve uma sensação de angústia antes de um grande momento no trabalho? Esse sentimento vem de uma voz interior prevendo que você vai estragar tudo ou que sua ideia ou apresentação não será bem recebida.

Essa voz não é você inteiro. É um aspecto seu, mas você é muito mais do que ela, assim como é muito mais do que seu pulso ou sua costela. Quando notar que está preso num estado emocional desagradável – como preocupação, raiva ou frustração

–, tente colocar essa parte de si para longe e observá-la com um olhar imparcial. Analise-a como faria com uma mancha em sua mão, e aí pergunte-se de onde veio. Em vez de afastar o sentimento desagradável, a chave é reconhecê-lo com algo como: "Olá, dúvida, vejo que está ativa hoje."

Por que não tentar agora? Veja se tem um pensamento ou sentimento persistente que fica o incomodando. Observe-o com curiosidade, como faria com uma folha levada rio abaixo. Deixe-o ir e vir sem personalizá-lo, resistir a ele ou identificar-se com ele. Essa abordagem o separa do desconforto, que acaba indo embora.

ENFRENTE SEU EGO

Enquanto você se esforça para provar seu valor, tudo e todos se transformam em exemplos com os quais seu ego se compara. Sua forma de fazer algo é *a* forma. Você eleva os trunfos alheios e os transforma em derrotas suas. Apega-se a diplomas, títulos ou uniformes – mas precisa se perguntar o que é realmente importante em sua vida.

Não é fácil se abrir e deixar que os outros vejam sua verdadeira identidade, porque você está programado para proteger seu ego e para sobreviver. É preciso confiança e coragem para arriscar deixar as pessoas vislumbrarem seu Eu Verdadeiro. Quando você se dá esse direito, colhe os frutos. O risco de deixar sua alma humana brilhar remove o escudo do ego e alimenta a confiança e a coragem. Você descobrirá que quando vive sua verdade, tem mais sucesso e felicidade do que nunca.

ENTUSIASME-SE

Se você teme certos aspectos de seu emprego, é possível que foque neles antes de um dia de trabalho. Aquilo em que nos concentramos se expande. Quando você foca no temor, ele cresce em seu interior. Mas mesmo que você enfrente um dia de desafios, pode ir ao trabalho com o entusiasmo dos dias tranquilos.

Quando você vai ao trabalho entusiasmado, ele gera aquela faísca para fazer as coisas. Pergunte-se quais aspectos de seu dia o animam e então, foque nessas coisas que trazem alegria, paixão ou puro prazer.

Será um colega ou cliente favorito? Um lugar em especial ou uma situação interativa? Tente encontrar uma parte positiva de sua agenda diária pela qual ansiar. Aí, concentre-se nela e deixe que se expanda e vire entusiasmo. Você descobrirá mais tempo de descanso, sucesso profissional e alegria pessoal.

ISOLE SEUS FRAGMENTOS

O vício em trabalho é só um fragmento de quem você é. Quando isola esse fragmento, aprende que ele está atrelado a tudo dentro de você. Não precisa mais viver como um fragmento – pela metade e subdesenvolvido.

Há muito mais a explorar. Quando você está pronto para viver de forma mais completa e aceitar tudo de si, começa a pensar no vício em trabalho como uma parte separada. Então, tem a clareza de perguntar: "Quem é o resto de mim?" Se não tiver uma resposta, não tem problema. A boa notícia é que você tem muito tempo para explorar e descobrir. Essa busca se chama recuperação.

Quando você passa a considerar o vício no trabalho como uma pequena fração de quem você aparenta ser, tem a oportunidade de criar um padrão de comportamento que incorpora melhor todas as suas demais partes. E essa imagem completa tem um significado mais claro quando vista sob essa nova luz.

ACOLHA O RELAXAMENTO

É provável que você esteja mais acostumado ao caos do que ao descanso. Estremece só de pensar em desligar, talvez até entre em pânico quando não há nada a fazer. Está acostumado com seu cérebro trabalhando veloz e furioso. Viver numa rotina de pressões pessoais e profissionais também não ajuda a desacelerar.

Mas, se quiser viver em um equilíbrio ideal, você precisa estar no controle de sua mente e de seu trabalho, não o contrário. Chamo isso de *trabalho consciente*. Um estado de calma ajuda a cultivar um centro de paz no qual viver. Quando se está relaxado, suas frequências cardíaca e respiratória diminuem. Sua mente fica clara e aberta, suas ações e reações são reflexivas e equilibradas. Com a preocupação e o medo recuando, uma serenidade feliz faz tudo parecer certo no mundo. É importante saber que você só tem alguns momentos nesse estado. Seria um erro pensar que é possível viver constantemente relaxado. Mas quanto mais você pratica o mindfulness, mais acessa o estado de tranquilidade, mesmo em momentos de perturbação. E mais produtivo e saudável você se torna.

CURVE-SE

A maioria de nós passa pela dor da insegurança, da rejeição e da decepção de tempos em tempos no trabalho. A humildade ajuda a aceitar isso *exatamente* como é. E aceitar os resultados, em vez de resistir a eles, reduz seu sofrimento, empodera e liberta.

Pense numa decepção ou desilusão em sua vida profissional. Aí, acomode-se num lugar tranquilo para refletir sobre esse desapontamento. Enquanto foca nisso, passe alguns minutos se imaginando como um grão de areia no universo em meio à grandiosidade ao seu redor. Medite sobre a ideia de que há algo muito maior que você e a decepção e veja se consegue aceitá-la em seu coração e em sua alma.

REINICIE

Uma amiga me disse: "Tenho um emprego em que estou sempre atrás. Daria para dizer que, se eu piscasse, estaria para trás, mas a verdade é que nem preciso piscar, porque estou sempre para trás." Você se sente atolado no trabalho? Numa sinuca de bico constante?

É útil observar as palavras que usa para expressar problemas profissionais. Elas dão uma ideia de como está a sua mente. Quando você diz "Estou sempre para trás", pode se sobrecarregar com a mensagem de que é culpa sua, de que você fez algo errado ou não está fazendo o suficiente. Você tem o poder de criar sua *experiência* no trabalho. Ao se identificar como uma vítima impotente à mercê do escritório, se torna infeliz. Se pensar em si como forte, pode perguntar: "Como estou tratando meu emprego?" e notar a mudança em seus sentimentos.

Minha amiga acabou com seus sentimentos opressivos reformulando sua situação profissional como: "Na posição em que estou, muitas pessoas talvez se sentissem para trás na maior parte do tempo." Será que você precisa reiniciar sua mentalidade para não abraçar o estresse? Quando tira a natureza opressora da voz interior, você deixa de se sentir preso e aumenta sua autoconfiança.

PREPARE-SE PARA CAVAR

Estaria você se escondendo atrás do trabalho excessivo por medo de enfrentar algo profundo em si? Essa coisa o motiva a continuar assim, uma tarefa após a outra, para se distrair de cavar mais fundo e encontrá-la. Se você é workaholic, sabe exatamente do que estou falando. Você sente, não sente? Aquele nervosismo, aquela inquietude? Mas continua empurrando isso para dentro, mesmo sem perceber, e nunca chega ao centro do problema.

Em algum momento, é primordial começar a fazer perguntas sem julgamento: do que estou me escondendo? Será que tenho medo de intimidade porque fui machucado? Será um medo de que as pessoas não gostem de quem eu realmente sou? Estou receoso de, lá no fundo, não ser bom o suficiente? Há uma parte de mim que diz que não tenho o direito de existir? Será que meu vício em trabalho me protege de uma ansiedade avassaladora?

Depois de cavar um pouco, eu finalmente enfrentei aquilo de que meu vício em trabalho estava me distraindo. E isso me libertou. Você sabe o que está lá no fundo? Se não, considere cavar um pouco mais. Não descobrirá nada que o machucará. O que você encontrar irá libertá-lo.

CURTA OS CAMPOS MAIS VERDES

É um fato. Uma forma de relaxar em seu local de trabalho é desfrutar da natureza o máximo possível. Se você é workaholic, sem dúvida passa quantidades absurdas de tempo trabalhando em ambientes fechados.

Cientistas dizem que tempo ao ar livre é a chave para revitalizar sua saúde. Só vinte minutos por dia num parque ou num ambiente natural eleva e sustenta seus níveis de energia e recalibra um cérebro cansado. Se isso não for possível, ver a Mãe Natureza de uma janela – cenas de bosques, água, pôr do sol, animais ou parques – pode baixar sua frequência cardíaca e respiração, além de relaxar seus músculos.

Considere dar caminhadas de cinco minutos ao ar livre durante o dia de trabalho ou subir e descer escadas quando o tempo estiver ruim. Estudos mostram que você tem um desempenho melhor no trabalho depois de uma caminhada num bosque em vez de uma rua lotada. Então, ache um parque ou almoce ao ar livre. Sente-se ao lado de uma fonte ou vá a um zoológico quando tiver uma folga. Sinta a brisa em seu rosto, note as cores e os cheiros das folhas e flores, preste atenção ao cricrilar dos grilos, ao canto dos pássaros ou à água correndo.

ACEITE A INCERTEZA DE SEU EMPREGO

A incerteza no emprego é uma certeza para você e todos com quem trabalha. Nunca se sabe quando sua empresa será vendida, seu cargo, eliminado, ou você, substituído por outra pessoa. Se você é como muitos, essa incerteza faz com que se recuse a sair para almoçar, tirar férias ou dias de folga por doença, com medo de ser visto como preguiçoso – uma ameaça que contribui ainda mais para doenças físicas e emocionais.

Sua melhor defesa contra a incerteza no emprego é lidar melhor com o estresse: torne-se indispensável em seu cargo, mantenha-se em forma fora do trabalho, encontre pequenas fugas, como se exercitar ou fazer jardinagem. Faça pausas, tire hora de almoço e férias. O ingrediente secreto da incerteza no emprego é aceitar que você não a controla.

Parece contraintuitivo? Sim, mas quando paramos para pensar, muitos aspectos de um emprego estão fora de nosso controle: ameaça de cortes de orçamento, demissões iminentes ou preocupação com desemprego. Estudos mostram que sua incapacidade de aceitar essa incerteza é um peso maior em sua saúde do que de fato perder o emprego. Já sua capacidade de aceitar a incerteza reduz o estresse no trabalho, traz paz de espírito e permite que você faça o melhor com a situação.

SEJA UM CARVALHO GIGANTE

Uma noz está dentro de um carvalho poderoso. Da mesma forma, dentro de você há tremendas raízes de força. Pergunte-se se está em contato com essas raízes, se você se sente como uma noz ou um carvalho gigante. É importante reconhecer e alimentar sua força para que ela brote e vire o vigor necessário para aguentar o trabalho compulsivo e se recuperar dele com sucesso.

Isso não quer dizer só força física. Estou falando sobre a determinação e força de vontade essenciais para aparecer no trabalho, ter hábitos profissionais saudáveis e equilibrá-los com família, amigos e autocuidado.

Quando seus problemas com o exagero tentarem derrubá-lo, lembre-se de que tem tudo de que precisa para manter os pés plantados no chão, e de que suas raízes profundas não podem ser atingidas por uma geada intensa. Enquanto reúne toda a força dentro de si, como o arbusto suave que enterra suas raízes lá no fundo, você pode se espalhar e acabar com o trabalho compulsivo que o empurra para baixo.

PARE

Talvez esteja tão acostumado a acelerar, indo de tarefa em tarefa, que parar e esperar entra em conflito com sua velocidade. Você deseja que as pessoas e situações se adaptem ao seu ritmo acelerado. Quantas vezes se pega batendo os dedos, roendo as unhas ou apertando os punhos quando precisa parar e esperar?

Desenvolvi um acrônimo fácil e rápido, PARE, como ferramenta para *agir* em vez de *reagir* ao enfrentar longas filas, salas de espera ou atrasos aéreos.

Pense sobre o que está acontecendo dentro de você quando é afetado pelo estresse de esperar.
Aceite o estressor e as reações internas, dizendo que esperar é uma escolha.
Receba as reações internas para relaxá-las e suavizá-las com curiosidade e compaixão.
Explique às suas reações interiores, com um sussurro mental: "Vai dar tudo certo."

Talvez você sempre reaja à espera com frustração porque ela o impede de completar sua lista de tarefas. Quando aprende a parar e respirar, isso inibe sua reação automática, previne que seu sistema límbico o sequestre e lhe dá uma consciência de mindfulness para relaxar.

ESTABELEÇA UMA ZONA LIVRE DE TRABALHO

Por mais que sua agenda seja frenética, você sempre pode tirar um tempo para descontrair. Quando momentos reflexivos consigo mesmo se tornam parte da rotina, o estresse não parece tão desesperador nem a vida parece tão difícil de administrar. Ter um lugar especial para relaxar, livre do estresse do trabalho e da negatividade, faz com que seja mais provável apertar o botão de pausa.

Defina um refúgio em sua casa onde você não tenha permissão para pensar sobre questões de trabalho. Torne essa zona livre de trabalho um local para ficar sozinho, onde você experimente calma e serenidade. Sua zona não deve conter aparelhos eletrônicos, ferramentas de trabalho ou agendas. Pensamento de preocupação, ruminação e pressão não são permitidos nesse lugar especial.

Considere ter um cômodo para meditação, oração ou contemplação. Se não tiver um cômodo, encontre uma área com menos circulação de pessoas. Faça um altar contendo souvenires especiais e fotografias favoritas que tragam memórias agradáveis e sentimentos de paz. Um canto de uma saleta ou um quarto onde você use fones de ouvido e ouça música relaxante funcionam como um refúgio. Se quiser se esconder totalmente, transforme seu banheiro num spa por algumas horas. Coloque velas aromatizadas ao redor da banheira, ponha uma música suave e prepare um banho quente com óleos essenciais ou pétalas de rosas.

MANTENHA UMA ESTATÍSTICA DE PROMESSAS QUEBRADAS

Se você é casado ou casada com um workaholic, seu cônjuge já lhe passou a perna para poder trabalhar mais? Se sim, é um padrão comum entre pessoas que se relacionam com workaholics. Você talvez tenha se sentido só, mas não está.

Cônjuges de workaholics relatam mais distanciamento, privação emocional e pensamentos de separação. Têm cerca de 45% mais chance de se divorciar. Sentem-se negligenciados, rejeitados, não amados nem valorizados devido à distância física e emocional de seus parceiros.

Você já pausou sua vida por causa de um workaholic? Se sim, pode estar facilitando o vício que deseja apagar de sua vida. Muitos cônjuges constroem sua existência ao redor do workaholic, porque querem se sentir conectados e dar apoio. Isso é natural, certo? Não para viciados. Adiar sua vida só leva à decepção e a uma piora do quadro. Quando seu workaholic prometer estar em casa para o jantar e não aparecer (pela milésima vez), considere comer no horário sem ele. Evite fazer coisas como levar trabalho para a pessoa que ama quando ela está doente na cama, criar álibis para suas ausências ou atrasos em eventos sociais ou reuniões familiares, ou assumir as tarefas da casa que são dela.

ACOLHA A REMOÇÃO

O passo 7 do Workaholics Anônimos diz: "Humildemente pedimos que Deus remova nossas falhas." A palavra-chave aqui é humildade. Sem isso, você não tem a visão essencial para o crescimento e o progresso na sua recuperação é improvável. Mas se estiver disposto a ter suas falhas removidas, a humildade pode ajudar nisso.

É possível que em algum momento você tenha batido no peito e acreditado ser tão especial que está isento das regras que os outros devem seguir. Na recuperação, tem que ser honesto sobre como seu ego dominou seu trabalho e sua vida pessoal. Você perceberá que as falhas dos outros são como faróis de automóvel que só parecem mais brilhantes que os seus. Você já não aponta os erros alheios, mas joga luz nos que possui. Coloca-se no mesmo nível que os outros seres humanos, admitindo que tem os mesmos defeitos.

Trabalhe humildemente as suas imperfeições. O progresso espiritual verdadeiro é seu quando você se submete com humildade aos mesmos padrões dos outros. Com as antigas falhas acabando, colegas de trabalho, familiares e amigos reagem a você de novas maneiras, com mais aprovação.

ENSINAMENTOS DE JULHO

- Emancipe-se de seu ego para poder fazer escolhas livres e relaxar sua alma.
- Seja vigilante com a tendência de seu ego para fazer drama e, assim, evite o modo de crise.
- Pratique a humildade em todas as suas questões.
- PARE, espere, desacelere e relaxe com as situações inesperadas da vida.
- Recuse-se a se esconder atrás do trabalho para evitar enfrentar algo dentro de si.
- Crie uma zona livre de trabalho onde possa silenciar sua mente e relaxar.
- Lembre-se de que o ego esconde o que é bom e conecte sua vida profissional com seu Eu Verdadeiro.

AGOSTO

Às vezes, os maiores obstáculos estão entre seus dois olhos. Saia de sua zona de conforto, de seu caminho, e admita quando estiver errado.

ADMITINDO OS DANOS

Nomeado em homenagem ao imperador romano Augustus, o mês de agosto é um momento de finalização – uma época de amarrar pontas soltas, curar relacionamentos passados e visualizar um futuro mais claro. Em sua origem, a palavra *agosto* descreve algo ou alguém honrado, nobre ou estimado. Para alcançar esses atributos, você quebra o molde de sua zona de conforto e toma novas atitudes em situações para as quais se fechou até agora.

Sua compulsão por *fazer* sobrepujou seu desejo de *ser*, transformando-o num fazedor humano, em vez de um ser humano. Sua mente viveu no passado e no futuro, perdendo todo o presente. É difícil relaxar e se libertar, não fazer nada e curtir o agora. Você acaba machucando as pessoas ao redor e a si.

Mantendo o tema de ser honrado e nobre, o oitavo mês o encoraja a fazer uma lista de todos que magoou (inclusive você mesmo) e estar disposto a redimir-se com eles: a vez que você surtou com a assistente administrativa porque ela se esqueceu de enviar uma carta importante pelo correio; a noite em que você trabalhou até tarde e perdeu o recital de piano de seu filho; o dia em que brigou com sua esposa, que queria ficar com você, por interromper seu raciocínio; os episódios em que exigiu demais de si trabalhando 24 horas, esbravejando com os céus, irritado por não haver mais horas no dia.

Este capítulo o guia numa espécie de revisão de sua vida enquanto você tira os olhos do computador, solta o iPhone e usa o tempo para uma contemplação consciente. Quem você magoou e por quê? E como os magoou? Ao contemplar o que os budistas chamam de Intenção Correta, você fica disposto a abrir mão das verdadeiras causas de seu sofrimento – da ganância por poder e produtividade e das armadilhas materiais que o separam de si e dos outros. Sua disposição para redimir-se com todos que magoou muda algo por dentro. Sua vulnerabilidade honesta ativa um comportamento mais bondoso, permitindo que você peça perdão àqueles que machucou e se perdoe também. E então, você consegue relaxar.

Ao considerar esse exercício, é útil notar o que descobre sobre si. É resistente à ideia? Já começou a se julgar? Pensar no exercício cria sentimentos intensos? Se possível, tente aceitar qualquer reação com autocompaixão, perdão e sem julgamentos.

Após uma contemplação consciente, faça a lista de familiares, amigos e colegas de trabalho (incluindo você mesmo) que machucou. Viver freneticamente causou qual dano à sua saúde física e mental ou à saúde mental dos outros? Talvez haja repercussões emocionais devido ao seu trabalho excessivo. Você tem amigos ou entes queridos que se sentem rejeitados ou abandonados porque você não os apoiou quando precisaram? Se sim, agora é a hora de colocá-los em sua lista de reparação e se preparar para se redimir com eles. Também é hora de pensar em se perdoar pelo fardo que carrega há tanto tempo. Como resultado de suas ações vulneráveis, neste agosto, você começa a sentir-se mais honrado, nobre e estimado.

APRENDA A DESCONTRAIR

É difícil não fazer nada quando o tempo ocioso o faz sentir ansioso e improdutivo. Sua tendência será evitar o desconforto ocupando-se de novo. Mas a mudança vem quando você faz algo diferente no calor do momento.

Aqui está um exercício de relaxamento com mindfulness que você pode praticar de dez a vinte minutos para ajudar a descontrair: sente-se numa posição confortável com os olhos fechados. Começando pelos pés e subindo até o rosto, relaxe profundamente todos os músculos. Preste muita atenção a sua respiração. Inspire confortável e naturalmente pelo nariz. Ao expirar pela boca, diga mentalmente, para si, a palavra *relaxe*. Quando ocorrerem pensamentos de distração, tente ignorá-los e voltar a repetir "relaxe" a cada expiração.

Depois de terminar, sente-se em silêncio por vários minutos, no início com os olhos fechados e depois abrindo-os lentamente. Evite julgar se foi bem-sucedido ou não. Se possível, pratique esse relaxamento consciente uma ou duas vezes por dia.

PARE DE ESTICAR O TEMPO

Quantas vezes você ouve a frase: "Não há horas suficientes no dia"? Sua necessidade de esticar o tempo como se fosse um elástico é um reflexo de sua necessidade de fazer coisas demais, sua incapacidade de aceitar a vida como ela é. Você tenta empurrar o rio, em vez de deixá-lo fluir sozinho. Tenta forçar mais horas do que as que já existem dentro de um dia de trabalho.

Sua vida fica mais administrável quando você estrutura os dias em apenas 24 horas e aprende a trabalhar, dormir e se divertir dentro desse limite. Estudos mostram que workaholics com equilíbrio entre vida pessoal e profissional conseguem fazer em 50 horas o que antes não faziam em 80. Quando você vive dentro de cronogramas naturais, fica menos estressado, não perde produtividade e tem mais tempo para harmonia entre vida pessoal e profissional e reflexão espiritual.

NÃO JOGUE PEDRAS

Às vezes, costumamos dizer: "Podem falar de mim, o que vem de baixo não me atinge." Mas claro, não é verdade. As palavras machucam profundamente e é possível magoar muito os outros – e a si – com comentários maldosos. Por outro lado, palavras gentis, afirmações amorosas e de apoio podem ser mais eficazes para acalmar e curar uma alma machucada do que qualquer remédio.

Você usa sua língua para condenar ou para elevar, curar e apoiar? Comece a prestar atenção a como fala consigo. Suas palavras o estão elevando ou destruindo? Ao notar como trata a si e aos outros, pergunte com compaixão o que precisa fazer para mudar o que diz.

OLHE PELO LADO BOM

A prática de inverter uma situação negativa permite que você veja a positividade de grão em grão: mais beleza do que defeitos, mais esperança do que desespero, mais bênçãos do que decepções. Quando percebe que as coisas que estão acontecendo têm que acontecer, você começa a aceitá-las como são, sabendo que algo de bom está nascendo.

Às vezes, você esquece, comete um erro ou diz algo equivocado porque é humano. Tratando-se com compaixão, e não condenação, você transforma seus erros em lições com as quais aprender. Perguntar-se como é possível ajustar suas falhas transforma sua perspectiva e o fortalece em vez de destruir.

CONHEÇA SEU OUTRO CONHECIMENTO

Uma mente lógica é uma ferramenta maravilhosa. A habilidade de pensar, analisar e prever é a chave do sucesso profissional. Mas a mente racional só leva você até certo ponto na recuperação. Lógica demais é como sal em excesso na sopa: torna difícil engolir as coisas.

Se você trabalha de forma excessiva, passa uma quantidade de tempo desproporcional em sua cabeça, tomando decisões. Mas alguns dilemas da vida exigem que você examine seu coração. Ao lidar com sentimentos e intimidade, recorrer à mente racional não funciona.

Uma pitada de intuição traz o tempero da harmonia à sua vida. Você descobre que deve equilibrar sua mente racional e sua intuição – o outro conhecimento. Já ouviu alguém dizer: "Sei no fundo do coração que fiz a coisa certa." Esse outro conhecimento é sua sabedoria interior, separada da mente. Exige que você busque seu coração em decisões emocionais importantes. Não dá para dissecar esse outro conhecimento. Não dá para examiná-lo sob um microscópio, mas ele está vivo dentro de todos nós.

USE SUAS MÃOS

Suas mãos são as servas da mente. São as esculturas da sua vida. Tire alguns minutos para olhar suas mãos e considerar como são poderosas. Imagine segurar uma faca de entalhe em frente a um grande monte de argila. Você tem a liberdade de esculpir sua vida de muitas formas diferentes.

Suas mãos têm o poder de moldar uma vida de êxtase ou um poço de infelicidade. Quantas vezes você entregou sua faca de entalhe a pessoas ou situações que o cortam? Faça um favor às suas mãos. Olhe de novo para elas e para o monte de argila à sua frente. Pense no poder que você tem de esculpir sua vida. Enquanto você segura a faca, o que sua mente precisa fazer para suas mãos poderem criar a vida que você realmente quer? Trabalhar menos? Trabalhar de forma mais eficiente? Cuidar melhor de si? Reparar relações desgastadas? Tirar tempo de folga? E depois?

CRIE UM VÁCUO

Alguns dos momentos mais incríveis da vida não são planejados. Acontecem de forma espontânea quando você permite que haja um espaço vazio em sua rotina. A natureza abomina o vácuo. Quando sua vida está lotada até a tampa, frenética e rápida demais, seu controle bloqueia os momentos mágicos. Você só precisa se abrir e deixar a magia entrar.

Pense em criar um vácuo em sua vida. O que está ocupando espaço e você pode tirar para dar lugar ao crescimento? Seria um velho relacionamento, atitudes antiquadas, emoções obstruídas, maus hábitos de trabalho, uma mesa bagunçada?

O que você está ignorando ou a que está se apegando e como você pode esvaziar essas questões a fim de perceber os milagres da vida? Você tem um espaço acolhedor para relaxar – um espaço para atitudes e ações novas e mais saudáveis?

PARE DE PASSAR POR CIMA

Você está tão determinado a completar tarefas e cumprir prazos que vai como um trator por cima das opiniões alheias? Pisa em qualquer um que ousa oferecer uma forma diferente de fazer negócios, pagar as contas ou cortar a grama? Deixa colegas de trabalho, familiares ou amigos para trás sem parar para considerar as perspectivas deles?

O problema com essa abordagem é que sua maneira de fazer as coisas não é necessariamente a melhor. Talvez você pense que é. Quer o trabalho feito do jeito "certo", então toma as rédeas e se recusa a delegar. Depois, vai para o próximo item em sua lista de tarefas. Passar por cima de ideias para chegar à resolução impede que você trabalhe em equipe, ouça outros pontos de vista ou perceba que suas ideias podem estar tão obsoletas ou erradas quanto as dos outros.

A integração entre vida pessoal e profissional inclui tempo para se engajar no processo de trabalhar em equipe. Faz com que você evite mergulhar em projetos ou tomar decisões profissionais às pressas. Tira um tempo para pensar nos fatos antes de finalizar os planos. Na recuperação, você aprende a participar de *brainstormings* criativos, e a não passar por cima das ideias de forma prematura e egoísta.

ENTRE NA ZONA DESCONHECIDA

Além do almoço, há mais uma coisa que carregamos para nossa mesa: o desconhecido. Como a maioria das pessoas, você provavelmente conta com a previsibilidade. Talvez sua própria sobrevivência dependa disso. Você quer saber quando, onde e como as coisas acontecerão. Mas nem sempre dá para saber se você vai conseguir o aumento, a promoção ou uma boa avaliação.

Sua atitude em relação ao desconhecido pode impulsioná-lo ao sucesso ou sabotar sua carreira. Recebê-lo de braços abertos é o melhor caminho, porque ele é uma das poucas coisas com que você pode contar. Nem tudo vai sair como planejado. Acontecimentos inesperados o surpreenderão e você experimentará decepções e rejeições. Se isso for inaceitável, você acaba discutindo com a vida em vez de vivê-la.

Evitando buscar a certeza para amortecer uma queda, você não sucumbirá ao medo do desconhecido. E ganhará uma paz de espírito que contribui com a qualidade de seu trabalho. Essa aceitação o sustentará durante desafios pessoais e profissionais e o libertará das amarras de sua própria torrente descontrolada de insegurança.

Contemple o desconhecido em sua vida. Considere o risco de recebê-lo de braços abertos. Tente aceitar surpresas futuras, usando-as para crescer e se tornar completamente a pessoa relaxada que deseja ser.

ACEITE A IMPERFEIÇÃO

Ao contrário do que diz a si mesmo, a maioria das pessoas não espera que você seja perfeito. Suas percepções distorcidas o levam a exagerar – indo muito além do que colegas e empresas esperam. Às vezes, o que você considera um esforço mediano supera muito as expectativas alheias.

Pare de se exigir demais. Pergunte-se o que você pode fazer para ver suas capacidades de maneira mais realista e estabelecer objetivos atingíveis. Seu melhor trabalho não é a perfeição, é seu melhor trabalho. Ele é bom o suficiente da forma como é.

ENGULA SEU ORGULHO

Quando seu ego tenta protegê-lo do fracasso, humilhação ou equívoco, isso pode soar como orgulho e arrogância. Talvez você esconda a notícia de uma rejeição para um emprego na Amazon, mas divulgue a todos a posição que conseguiu abocanhar no Yahoo. É difícil admitir que você está errado ou não conseguiu o que queria, embora tenha se esforçado tanto para isso.

O orgulho é, de fato, uma pílula amarga de engolir. Mas abrir mão dele o faz mais bem-sucedido no trabalho e em sua vida pessoal. Quando consegue abrir seu coração e aceitar a vulnerabilidade de ser autêntico, você se livra de um peso. No fim das contas, é melhor abandonar seu orgulho com um colega de trabalho próximo ou um ente querido do que perder a pessoa por causa desse comportamento sem sentido.

Você cometerá erros, dirá coisas das quais se arrependerá e machucará os outros. É inevitável. Mas não precisa deixar o orgulho cobrir o equívoco. Escolher o caminho da humildade e coragem, e não o do ego e orgulho, o torna um líder mais forte no trabalho e um familiar mais amoroso em casa.

ACINZENTE

Um dos maiores medos dos workaholics em relação ao equilíbrio entre vida pessoal e profissional é que eles precisem cortar horas, mudar de carreira ou pedir demissão. Comentários como

"Tenho filhos para sustentar. Você vai pagar meu financiamento enquanto eu paro de trabalhar?" implicam que "Ou eu trabalho, ou eu não trabalho; não há meio-termo." Essas afirmações refletem um pensamento de tudo ou nada, uma incapacidade de ver as áreas cinzas – um equilíbrio flexível entre trabalho e lazer ou trabalho e família. Também refletem o receio de que, se você abrir mão do trabalho compulsivo, não haverá mais nada em sua vida e seu mundo irá se desfazer. Essas crenças infundadas podem fazê-lo evitar a recuperação e apegar-se de forma ainda mais tenaz ao trabalho, por segurança.

A verdade é que o equilíbrio tem pouco a ver com as horas trabalhadas ou o tipo de emprego que se tem. É uma forma diferente de pensar sobre sua vida – uma forma diferente de ser por dentro. Em vez de limitar seu trabalho, você se torna mais consciente de ajustá-lo a três outros quadrantes: relacionamentos com pessoas que ama, diversão e autocuidado. A ironia do equilíbrio entre vida pessoal e profissional é que ele o torna mais eficiente nas duas áreas da vida.

ALCANCE A FELICIDADE INTERIOR

Você provavelmente busca a felicidade apostando tudo no trabalho, achando que conquistas, prêmios e elogios serão suficientes. Mas felicidade é um exercício interno. Estar feliz depende das formas como pensamos sobre as situações cotidianas. A felicidade vem quando fazemos escolhas conscientes e nos comprometemos a sermos felizes, independentemente do que a vida nos apresente.

Uma das perguntas que a maioria de nós faz é: como encontrar felicidade? Ninguém sabe, porque a resposta é diferente para cada um. E ela não aparece um dia e dá um tapinha no seu ombro. É preciso ação consciente de sua parte. Começa com a compreensão das maneiras como sua mente é programada e com a escolha consciente da felicidade em vez da infelicidade, não importa quais sejam as condições.

RECUPERE O TEMPO LIVRE

Todos temos a mesma quantidade de tempo e ela é finita – 168 horas na semana, para ser preciso. Se subtrairmos desse número todas as horas das suas atividades semanais, teremos a quantidade de tempo que sobra sem estar alocadas para trabalho, sono ou outros atos necessários. Como é possível distribuir as horas remanescentes e utilizá-las da melhor forma?

Recupere seu tempo livre agendando um compromisso consigo – como faria com um colega de trabalho. Quando você encontra esse espaço em branco em sua agenda, está escolhendo tornar o tempo livre uma prioridade. Isso lhe dá um bloco de tempo a cada semana para fazer as centenas de outras coisas de que você gosta – relaxar, se exercitar, descontrair, conversar com pessoas que ama, meditar, praticar ioga ou simplesmente ver o pôr do sol.

ENCONTRE UM PROPÓSITO NO SEU TRABALHO

Você se torna o deus que adora. Se o vício em trabalho é seu ídolo, você se torna isso. Já parou para pensar no impacto que seu trabalho tem além da sua necessidade de realizá-lo? Quando você se torna consciente das possibilidades espirituais e colaborativas de seu trabalho, ele o tira do tédio sem sentido da rotina.

Seja você encanador, médico ou piloto, pergunte se seu trabalho vem de quem você é. Ele tem relação com sua jornada? É caridoso e edificante? Pense sobre os componentes espirituais/de cura de suas tarefas diárias. Tire alguns minutos, agora, para considerar a importância delas em um propósito maior. Então, contemple as possibilidades do impacto sagrado de seu trabalho naqueles a quem você serve.

VIVA COM ENTREGA

Quando foi a última vez que você se entregou – dançou em frente ao espelho de seu quarto, cantou no carro a plenos pulmões ou saltitou pela rua como se ninguém estivesse olhando? Faz um mês? Um ano? Uma década? E, se foi há tanto tempo, por quê? O que o impede de ser bobo e brincalhão sozinho e com aqueles que ama?

Do que você tem medo? Viver com entrega é um grande antídoto para o excesso de trabalho. Então, o que está esperando? Vá em frente. Pare de colocar limites para si. Seja ousado. Cante alto. Dance pela casa. Saltite na rua. Permita-se ser bobo!

PERSEVERE

O mundo do trabalho pode ser brutal – cheio de desafios meteóricos, negatividade constante e decepções devastadoras.

Nos dias em que a desesperança bate, a chave do sucesso é a perseverança. Você pode focar nos obstáculos ou aprender a escalar a parede.

A perseverança é a pedra fundamental para ter sucesso em suas metas, e só os persistentes sobrevivem. Se você se levantar e começar de novo, aumenta as chances de atingir seus objetivos profissionais e atinge a linha de chegada com confiança, coragem e calma.

AME

Um estudo de Harvard conduzido há mais de 75 anos descobriu que, mesmo tendo todo o dinheiro do mundo, você não consegue ser feliz sem ter relações amorosas. Não tem a ver com o número de relacionamentos que se tem, mas com a profundidade e vulnerabilidade de um relacionamento de qualidade.

Em geral, workaholics colocam relações íntimas no fim da fila. Parece você? Se sim, talvez tenha receio de demonstrar sentimentos ou de se mostrar vulnerável. Em vez de estar aberto para dar e receber amor, talvez coloque prazos, pressões de trabalho e finalização de tarefas no caminho. Embora isso o proteja do medo de intimidade, também afasta as pessoas e o aprisiona numa sentença de confinamento solitário.

Você está se lembrando de escolher o amor? Da próxima vez que pensar em trabalhar até tarde ou ir para o escritório num sábado em vez de sair com um amigo, filho ou cônjuge, considere relaxar e fazer uma escolha mais feliz e saudável.

COMEMORE BONS MOMENTOS

É essencial dar destaque às ocasiões festivas que marcarem seu caminho. Comemorações lhe oferecem tempo para dar um passo para trás e ressignificar sua vida. Lembre-se de que, uma vez perdidos, esses acontecimentos especiais nunca voltam. Olhando para trás, você se arrependerá de ter perdido o primeiro jogo de futebol de seu filho por causa de uma reunião da qual já não se recorda.

Contemple as cerimônias e os rituais importantes que acontecem enquanto você geralmente está trabalhando. Pergunte-se se vale a pena investir tempo para desfrutar deles agora para ter as memórias guardadas no fim da vida. O que é mais importante lembrar? O dia que você gastou trabalhando? Ou o tempo que passou com quem ama?

ESTABELEÇA LIMITES

Todos precisamos de limites para uma integração bem-sucedida de vida pessoal e profissional. Essas fronteiras nos mantêm seguros e saudáveis. Sustentam a individualidade e ajudam a estabelecer relacionamentos sadios. Deixam claras as linhas entre carreira e vida pessoal para limitarmos as horas de trabalho e termos tempo para outras coisas. E permitem que você diga não quando já está sobrecarregado.

Limites flexíveis podem ajudar com o equilíbrio, desde que a flexibilidade esteja no lado do trabalho. As fronteiras que você delimita dependem de seu estilo de vida em particular. Alguns de nós, por exemplo, limitam o trabalho a oito horas por dia, sem carga horária nos fins de semana e feriados. E alguns de nós que trabalham aos fins de semana devem descobrir como estabelecer esses limites em outros dias e momentos. A chave para o equilíbrio entre vida pessoal e profissional é saber quando criar limites – e quando flexibilizá-los. Quais são as formas de você praticar fronteiras melhores em sua vida profissional?

VIVA SEM CORRENTES

Não seria maravilhoso conseguir ficar calmo e confiante em meio a desafios turbulentos, decepções enormes e rejeições violentas? Que incrível seria poder deixar todos os pensamentos sobre trabalho no escritório, estar no presente consigo, com amigos e entes amados, e vivenciar cada minuto fora do escritório inteiramente, sem estresse profissional.

Boa notícia! Você pode se libertar conectando-se com seu Eu Verdadeiro e vivendo o agora. Tente refletir sobre formas conscientes de libertar-se da voz interior negativa que o amarra à mesa de trabalho quando você está fora do escritório.

EVITE FICAR SABOREANDO SEU TRABALHO

Você já se perguntou por que um colega relaxado consegue fazer mais em um dia do que alguns workaholics fazem em uma semana? Workaholics que ficam saboreando o trabalho são lentos, deliberados e metódicos. Perfeccionistas consumados, eles, no fundo, têm medo de que o produto final nunca seja bom o suficiente. Cuidando dos mínimos detalhes, levam oito horas para finalizar uma tarefa que um trabalhador relaxado consegue terminar em uma. E prolongam o trabalho sem necessidade quando uma tarefa está quase finalizada, tornando difícil trabalhar em equipe. Esse tipo de workaholic é nota 10 em ralar, mas nota 0 em administrar o tempo e completar tarefas. E você? Trabalha cada vez mais e por mais tempo? Ou trabalha de forma mais eficiente? Pergunte a si mesmo se delega, prioriza e sabe quando liberar um projeto concluído. Você administra o tempo para ser produtivo, eficiente e capaz de trabalhar em equipe? O que pode fazer para trabalhar de forma mais eficaz e ter mais tempo para desfrutar da sua vida?

FAÇA UMA LISTA E CUMPRA

Trabalhar demais leva à negligência familiar, insensibilidade às necessidades alheias, supressão do amor daqueles que você ama, rejeição de qualquer um que não atenda aos seus padrões ou desprezo por aqueles que não trabalhem tão rápido ou da mesma forma que você.

Primeiro, admita seus erros passados e suas ações moralistas sem autojulgamento, e comprometa-se a mudar isso. Então, siga o passo 8 do Workaholics Anônimos, que diz para fazer uma lista de todas as pessoas que prejudicou com seus hábitos de trabalho abusivos e desenvolver uma estratégia para redimir-se com elas. Enquanto faz sua lista, assegure-se de se perdoar pelo abuso que infligiu a si no auge de seu vício.

ENSINAMENTOS DE AGOSTO

- Torne-se consciente de como escolher palavras para curar em vez de prejudicar.
- Engula o orgulho e abrace a imperfeição.
- Aprenda a vivenciar seu trabalho como um propósito maior e a desempenhá-lo com compaixão e devoção.
- Faça uma lista de pessoas que seu vício em trabalho prejudicou e esteja disposto a se redimir com cada uma delas.
- Comemore com quem você ama, vive e trabalha, e considere os sentimentos e as opiniões dessas pessoas.
- Escale a parede de obstáculos e persevere levantando sempre que cair.
- Desenvolva a coragem de entrar na zona do desconhecido e experimentar sua vida com mais entrega.

SETEMBRO

É muito fácil perdoar os erros dos outros; mas é preciso coragem e força de vontade para perdoá-los por terem testemunhado os seus.

—JESSAMYN WEST

PEÇA DESCULPAS E PERDOE

Setembro deriva da raiz latina *septem*, que significa sete. No calendário romano original, setembro era o sétimo mês do ano. Virou o nono quando janeiro e fevereiro foram encaixados no início, mas manteve seu significado original. Algumas pessoas juram que sete é o número da sorte. Afinal, há sete dias na semana, sete cores no arco-íris, sete notas musicais, sete mares e sete continentes. Além disso, o menorá judeu tem sete braços e a Branca de Neve, sete anões. Como setembro significa "sete", pode ser o mês para você ter um golpe de sorte. É irônico, dado o fato de que setembro, o nono mês, traz o desafio mais duro, mais temido e mais assustador de todos. Você coloca o pé na tábua para compensar o tempo perdido e pede desculpas àqueles que machucou no auge do excesso de trabalho, perdoa-os, pede para ser perdoado e se perdoa. Em termos de relaxamento, este é o mês para você começar do zero, retificando mágoas passadas para poder seguir com mais equilíbrio entre vida pessoal e profissional.

Levante a mão se você tem arrependimentos sobre alguém que magoou no passado, mas não fez nada sobre isso. É, foi o que pensei. A maioria. Quase consigo ver sua boca abrindo e o frio na barriga surgindo ao pensar nessa ação. Eu entendo, mas o risco vale a pena. Guardar arrependimentos os coloca no centro de suas atividades diárias, suga sua energia e o mantém focado numa direção negativa. Oferecer e aceitar perdão o redime de seu passado. Depois de se libertar, você se desafoga dos erros passados, que são substituídos por serenidade e paz de espírito.

Neste capítulo, você pode perguntar do que precisa para ajeitar sua vida com a Ação Correta – termo budista para conduta ética na qual você não prejudica os outros, corrige seus erros e cultiva a completude em si. Quais feridas em seu histórico pessoal precisam de cura? Quais atitudes você poderia tomar para sarar o machucado? Para quem você precisa dizer "sinto muito", pedir desculpas ou se redimir? E de qual vergonha, preocupação ou culpa você precisa se libertar pedindo perdão por ter sido um babaca, por ter falado mal de alguém pelas costas ou por não ter estado presente quando alguém que ama precisava de apoio?

Você não conseguirá rastrear todo mundo que magoou na vida. Mas, em homenagem àqueles com quem não conseguirá se redimir, considere comprometer-se com um futuro assumindo riscos emocionais. Esforce-se agindo de maneira diferente do normal. Sinta o medo, vá em frente assim mesmo e desfrute da recompensa de autointegração e autocrescimento. Sua capacidade de se esforçar para enfrentar arrependimentos passados com bondade, compaixão e perdão, sem julgá-los como assustadores ou terríveis, é a peça fundamental do equilíbrio entre vida pessoal e profissional.

Se você estiver disposto a buscar a oportunidade no medo, e não o medo na oportunidade de se redimir, pode tirar a sorte grande. Setembro pode ser surpreendente, seu mês de mais sorte até aqui. Agora é a hora de perguntar se você está preparado para correr um risco emocional e jogar os dados. Senão, como vai saber qual mágica, deslumbramento e alegria o esperam além de sua hesitação?

CUIDE DE SEU JARDIM

Você trata relações importantes como algo secundário, sobras frias da refeição de ontem ou um velho par de sapatos gastos que usa pelo conforto? Os relacionamentos parecem mais um compromisso profissional depois de um dia de trabalho compulsivo? Pense em seus laços especiais como um jardim encantado cheio de belas flores, arbustos, rosas e árvores com frutas e vegetais maduros. Um jardim saudável exige manutenção regular durante a época de plantio. Pergunte-se se seu jardim está florescendo ou morrendo por negligência. Assim como um jardim exige cuidado periódico para crescer – capinar, regar, luz do sol e fertilizante –, relacionamentos exigem atenção, apoio, compaixão, conversas sinceras, encorajamento e perdão. Interações carinhosas e conscientes compensam o descuido – exigências, distanciamento, estresse, culpa, discordâncias ou críticas – que ocorre naturalmente nas relações. Uma boa reflexão é se perguntar como você cuidou de seus relacionamentos até agora. Reservar tempo para cuidar de seu jardim dá um retorno abundante do sangue, suor e lágrimas colocados ali.

NÃO DEIXE SEU EQUILÍBRIO SER ROUBADO

Cuidado. Eles estão por todo canto: os ladrões de equilíbrio que roubam sua vida, criando vício em trabalho, o debilitando e o tornando menos eficiente em seu emprego. Você está esticando os dias até altas horas para conciliar mais tarefas, levar trabalho para casa, amarrar-se aos aparelhos que deixam sua vida disponível ao escritório 24 horas por dia, 7 dias por semana? Viver assim coloca suas defesas em alerta vermelho, cheias de doses constantes de adrenalina e cortisol, o maltratando com fadiga física e mental e o transformando em um trabalhador mais descontente e menos eficaz.

Mesmo se você não for workaholic, é provável que tenha dificuldade de encontrar equilíbrio entre vida pessoal e profissional. Uma equipe de pesquisadores do Canadá e dos Estados Unidos descobriu que quase metade dos trabalhadores norte-americanos leva trabalho para casa e que muitos dizem que o trabalho interfere em aspectos familiares, sociais e de lazer.

Reflita por alguns minutos sobre alguns ladrões de equilíbrio que invadiram sua vida. Depois, faça uma lista deles e do dano que causaram. Aí, ao lado de cada um, nomeie algumas formas comprovadas de criar limites e certifique-se de quais podem ser aplicadas para trazer mais equilíbrio.

PRATIQUE A COMPAIXÃO

Imagine jantar com alguém especial num restaurante caro. Você pensou numa noite tranquila à luz de velas, com música suave e conversas íntimas, mas sua garçonete é impaciente e grossa. Como você se sentiria? A maioria das pessoas diria que irritada ou com raiva. Mas, aí, um amigo sentado à outra mesa vem e informa que o filho da garçonete morreu num acidente de carro, ela é mãe solteira e precisa trabalhar. E agora, como você se sentiria? A maioria das pessoas diria que triste, pesarosa ou compreensiva.

O que aconteceu? Como as emoções podem ir de raiva a compaixão em poucos segundos? A garçonete não mudou. Sua perspectiva mudou agora que você vê as dificuldades interiores dela. Sem a informação do seu amigo, você provavelmente continuaria irritado.

Nem sempre é possível saber quais guerras estão sendo travadas lá no fundo das pessoas. Mas podemos imaginar que a maioria de nós tem uma luta interna na maior parte do tempo. A compaixão permite que nos coloquemos no lugar do outro e sintamos a infelicidade ou dor pela qual estão passando. Quando deixamos a abertura, em vez do julgamento, liderar nossa forma de agir, automaticamente damos aos outros o benefício da dúvida.

DIGA NÃO AOS PESSIMISTAS

Quantos de nós somos pessimistas que desistiram por causa da voz negativa em nossa cabeça? Ou quantos de nós desistimos porque ouvimos outros pessimistas? Se você se encaixa em alguma dessas categorias, é hora de se conectar com sua própria confiança.

Quando você aceita o conselho da mensagem pessimista, fica surdo para o sucesso. Seja seu objetivo ter equilíbrio entre vida pessoal e profissional, uma necessidade de relaxar ou criar metas atingíveis no local de trabalho, essa voz negativa pode atrapalhá-lo. Mas não entregue suas esperanças e seus sonhos às limitações melancólicas que os pessimistas colocam sobre si. Seu destino está dentro de você, não dentro das visões negativas dos outros ou da voz negativa em sua cabeça.

VIVA PLENAMENTE

Viver plenamente não tem a ver com perfeição. Tem a ver com imperfeição, mas fazendo seu melhor. Tem a ver com permitir-se ser vulnerável e ter medo às vezes, sendo que é corajoso. Oito "palavras com C" compõem a lista para viver plenamente:

CORAGEM para deixar situações incertas acontecerem sem saber os resultados.

COMPAIXÃO por si e por outros seres humanos, não importam as circunstâncias.

CONEXÃO com colegas de trabalho, entes queridos e consigo.

CLAREZA na direção para conquistar o equilíbrio entre vida pessoal e profissional.

CALMA e perda do hábito de se preocupar com o passado ou o futuro.

CURIOSIDADE com menos interesse em julgar seus colegas ou a si.

CONFIANÇA em suas ações, em vez de ser motivado por mágoas passadas ou medos futuros.

CRIATIVIDADE e capacidade de fluir com as ideias e sentir explosões de alegria.

A qual das palavras com C você poderia dar mais atenção para se proporcionar uma vida plena? Se você se pegar julgando um erro ou fracasso, substitua o autojulgamento por uma das palavras com C e note o que acontece por dentro.

CONCLUA SEM URGÊNCIA

É provável que você acredite que tudo precisa ser concluído hoje – uma meta impossível quando aplicada regularmente. A conclusão de um trabalho pode ter mais peso do que a qualidade do resultado. Quando você olha de forma objetiva para sua lista de tarefas, suas expectativas irrealistas autoimpostas ficam óbvias. E você aprende que poucas incumbências têm de ser concluídas imediatamente. Sua percepção falha o mantém nessa alta velocidade incansável, correndo para terminar um prazo imposto por você mesmo.

Coisas importantes levam tempo. Plantas não se apressam. Elas gastam o tempo que precisam para crescer. As estações mudam lentamente. O Grand Canyon foi criado durante milhares de anos. Ao se lembrar de que as coisas importantes levam tempo, você permite que um ritmo natural imutável determine quando as tarefas devem ser finalizadas. Aí, você desacelera e relaxa sua urgência.

ACALME-SE SOZINHO

Você nem sonharia em falar com alguém que ama – nem com um colega – da forma como fala consigo mesmo: "Controle-se" ou "Pare de ficar se lamentando". Palavras duras podem ser mais estressantes que o próprio causador do estresse.

Palavras têm poder. Sob pressão, uma voz calmante ajuda a lidar com grandes decepções como uma demissão, um prazo perdido ou uma promoção para a qual não se foi escolhido. Discursos de encorajamento e afirmações são benéficos durante situações de muita tensão como entrevistas de emprego, falar em frente a colegas ou competir por um projeto. Você se chicoteia com conversas internas opressivas? Assegure-se de falar consigo mesmo de formas gentis e acolhedoras. Quando você começa a se tratar com a mesma bondade e consideração que direciona aos outros, nota uma melhora em sua confiança, resiliência e bem-estar. A gentileza é a linguagem que os surdos conseguem ouvir e os cegos conseguem ver. Quando você se acalma de dentro para fora, recebe mais apoio de fora para dentro e tem mais momentos relaxados.

PENSE COM ANTECEDÊNCIA

Pessoas agitadas tomam decisões precipitadas ou buscam soluções imediatas porque estão com pressa para fazer o máximo de coisas possível. Você age como grãos de milho de pipoca numa panela, pulando ao comando do calor? Lança projetos antes de todos os fatos estarem reunidos e todas as opções estarem disponíveis? Ou subestima quanto tempo um trabalho levará e corre para concluí-lo? Se você ignorar a pesquisa e o planejamento, provavelmente cometerá erros evitáveis e passará mais tempo arrumando a bagunça porque não pensou direito em tudo.

Um pouco de planejamento economiza problemas mais à frente. Ajuda a definir objetivos e descobrir como é possível alcançá-los. Se você não souber para onde está indo, como saber onde vai parar? A preparação adequada traça um caminho mais direto do que ficar se debatendo sem rumo e, com isso, você encontrará mais tempo para relaxar a longo prazo.

Parte de viver no presente é pensar com antecedência no futuro. Você pode viver só por hoje e ainda planejar para o amanhã. Contemple seu uso do planejamento. Aí, pergunte quanto diria que é cuidadoso na criação de objetivos e no planejamento, antes de seguir em frente.

SORRIA

Pode soar simples demais para ser verdade, mas a ciência confirma. É possível mudar seu humor alterando suas expressões faciais. Quando você fecha a cara, se sente mal não só porque isso *reflete* seu sentimento, mas porque a expressão facial também *contribui* com esse sentimento.

O mesmo acontece com o sorriso. Ele faz com que você se sinta mais feliz. Mesmo que seja falso, colocar um sorriso no rosto pode melhorar seu humor e reduzir o estresse. Além do mais, colegas de trabalho e familiares reagem de forma mais animadora. Estudos mostram que expressões faciais influenciam suas emoções disparando neurotransmissores específicos, os mensageiros químicos do cérebro. Quem perde a capacidade de franzir a testa por causa de injeções de botox é mais feliz do que quem consegue fazer esse movimento.

Então, da próxima vez que estiver se sentindo mal, lembre que fechar a cara faz você se sentir pior. É possível impulsionar um dia de trabalho feliz fazendo uma cara alegre e sorrindo. Mesmo que, no início, você tenha que fingir, sorrir reduz seu estresse, melhora seu humor e cria um impacto positivo em seus colegas.

CONSIDERE A IMPERMANÊNCIA

Quando você para e pensa, nada é permanente. Todas as coisas materiais que você possui vão se desgastar, quebrar ou apodrecer e você vai morrer algum dia. Pensar sobre a impermanência pode ajudar a definir de forma mais consciente como quer passar o dia de hoje. O que é importante concluir? Com quem você quer conviver? Como quer passar esse tempo?

Fazer-se essas perguntas o lembra de que o amanhã não traz garantias e destaca a importância de viver cada momento precioso ao máximo. Talvez possa ajudar a valorizar as pessoas e coisas diante de seus olhos que a pressa e a preocupação tiraram de você.

Reflita sobre o que deixou de ver ou a que não deu valor enquanto corria para o próximo item da agenda. Então, medite sobre como seria se você vivesse o dia de hoje de forma extraordinária, como se fosse o último.

CALIBRE SEU MEDIDOR DE ESTRESSE

Não é o estresse que mata, é sua reação a ele. Quando você reage o tempo todo a fatores estressantes, vive nadando em cortisol e adrenalina, prejudicando seu corpo.

Uma forma de regular o estresse e ver mais claramente como ele muda com o tempo é mapeá-lo com o que chamo de medidor de estresse. Pergunte-se o quanto está estressado numa escala de 0 a 10, em que 0 é nada estressado e 10, tão estressado que poderia explodir.

Seu medidor de estresse pode estar em 3 (0-3, sem estresse) agora, depois de uma apresentação importante, mas estava em

7 ou 8 no mês passado quando fez aquela entrevista de emprego. Quando você perceber que seu medidor está de moderado (4-7) a alto (8-10), tenha à mão uma caixa de ferramentas para baixá-lo com simples estratégias de administração do estresse: respiração profunda, meditação, exercício ou ioga. Compare sua reação a diferentes situações e veja se consegue descobrir quais situações mais o afetam.

SIGA OS DEZ MANDAMENTOS DO AUTOCUIDADO

Seguir meus Dez Mandamentos do Autocuidado pode ser um divisor de águas na harmonia entre vida pessoal e profissional. Ao ler a lista, pergunte-se quais deles você pratica e quais precisa começar.

1. Farás exercícios regulares, comerás de forma saudável, descansarás e dormirás bastante.
2. Deverás reunir a coragem para rir e ser feliz durante 25% de seu tempo.
3. Praticarás atenção plena ao momento presente no trabalho, em casa e no lazer.
4. Terás grande respeito e compaixão por ti.
5. Aprofundarás tua conexão com entes amados, amigos e contigo.
6. Expandirás teus interesses e talentos para além de seu cargo diário no emprego.
7. Manterás uma visão positiva e confiante em todos os momentos.
8. Cultivarás mais curiosidade do que julgamento sobre as raízes de seu vício em trabalho.

9. Praticarás meditação e contemplação mindfulness regularmente para manter calma e clareza interiores.

10. Evitarás o trabalho excessivo e criarás equilíbrio entre vida pessoal e profissional em todas as coisas.

PARE DE JOGAR A MERDA NO VENTILADOR

Muitos de nós crescemos em lares onde o conflito ocorria com frequência. O caos parece normal e nos viciamos em risco e agitação. Somos atraídos por empregos de alta pressão, criamos crises no trabalho e sentimos um barato de adrenalina ao trabalhar em excesso para apagar os incêndios que causamos.

Sua vida é uma merda no ventilador atrás da outra? Se sim, talvez você esteja se ocupando tanto que não deixe espaço para os acontecimentos aleatórios. Marca coisas demais, coloca muita coisa para cozinhar ao mesmo tempo, determina prazos irreais ou se recusa a parar de trabalhar em um horário razoável. Às vezes, é difícil ver a água em que se está nadando e você não consegue enxergar como está criando suas próprias dificuldades. Só porque seu mundo parece estar se desfazendo, não quer dizer que você precisa segui-lo. Sua vida fica impossível de administrar quando você tenta levá-la sem sabedoria e olhar objetivo.

Sem julgamento, comece a prestar atenção em sua atração pelo caos. Pergunte: "O que ganho com o drama?" e pense nas respostas. Conforto? Sucesso? Importância? Quando descobrir as raízes, tente achar maneiras mais construtivas de amortecer acontecimentos inesperados e evitar a exaustão, para poder obter satisfação no trabalho e na vida pessoal.

BRIGUE MENOS

Brigas são como veneno. Quando você fica teimosamente se opondo aos outros, fecha os cantos escuros de sua alma à cura necessária. Ao contar e recontar suas histórias cheias de culpa, raiva e injustiças que alguém fez, você enche esses cantos escuros. Cultivar contendas o corrói até você estar consumido pela sopa de cortisol e adrenalina que acaba por afogá-lo.

Analisando seu cenário emocional, com quantas pessoas você tem desavenças? Consigo mesmo, por não fazer o suficiente? Com seus filhos, por não serem o que você espera? Com seu colega de trabalho, por não fazer as coisas direito? Qual é a relevância disso? E a quais sentimentos tóxicos você se apega e que precisam ser liberados?

Reflita sobre resolver esses problemas e comprometa-se a parar de alimentar os cantos escuros de sua alma. Considere transformar as rixas em amor e perdão para desbloquear seu caminho para a recuperação.

DECLARE SEU VALOR

Muitos perfeccionistas acreditam que é preciso merecer o direito de existir – que você não tem valor a não ser que esteja produzindo algo de valor. Sua vergonha e aversão a si mesmo não permitem que você simplesmente trabalhe uma quantidade razoável. Você acredita que, para ser legítimo, precisa compensar e fazer mais do que as pessoas comuns. Transforma-se em um fazedor humano em vez de um ser humano. Quanto mais você produz, melhor é, porque mais valioso se sente.

Você mereceu o direito de existir no dia em que nasceu. Não precisa ir além do que os outros fazem para se sentir bem. Pode passar sua vida escravizado por esses padrões irreais ou se concentrar em respeitar-se como é.

Tire uns minutos para refletir sobre a ideia de que o direito de existir é seu direito de nascença. Então, contemple como seriam seus hábitos de trabalho se você praticasse essa crença diariamente.

NÃO SEJA UMA FOLHA MOLHADA NO CHÃO

Esposas japonesas usam o termo pejorativo *nure ochiba* (uma folha molhada caída no chão que gruda irritantemente na perna) para se referir a maridos workaholics aposentados que não sabem o que fazer quando não estão trabalhando e ficam pela casa esperando que a esposa planeje o tempo livre deles.

Muitos americanos também dizem que seus cônjuges parecem perdidos e indefesos durante suas folgas, como em férias, feriados ou aposentadoria. Depois de trabalhar do nascer ao pôr do sol por tantos anos, você começa a se sentir como um habitante estranho na família. Desenvolve o hábito de não fazer tarefas nem ir a eventos familiares, colocando-se à margem. Se esperar tempo demais para se envolver, pode ser tarde demais. Famílias solidificam alianças internas e desenvolvem suas rotinas. Após anos de ausência, entes queridos rejeitam suas tentativas de se envolver ativamente. Seu descolamento, por sua vez, ativa uma necessidade de conexão com seu velho amigo: o trabalho. E o ciclo continua.

Contemple algumas atitudes de mindfulness que você pode tomar dentro de sua família para não se tornar uma folha molhada no chão deles.

PARE DE SE APEGAR À INFELICIDADE

O controle é uma das marcas do vício em trabalho. Quando você insiste que tudo siga suas especificações, cria sofrimento para si. Um exemplo é um passageiro que perdeu sua conexão no Aeroporto Internacional de Charlotte, Carolina do Norte, e deu um chilique com a companhia aérea, até ser informado de que o avião que ele perdera tinha caído e não havia nenhum sobrevivente a bordo. Nem é preciso dizer que o passageiro caiu de joelhos em gratidão.

Apegar-se a uma certeza causa infelicidade, mas você não precisa ficar preso lá. A forma de sair do sofrimento é se afastar de seus problemas. Quando as coisas não acontecem do jeito esperado, você pode observar com curiosidade como seu espírito quer reagir, mas sem pôr em prática. Lembre-se de que suas visões são baseadas em um conhecimento limitado – que as coisas acontecem além dele e que a vida pode acabar levando-o a auges de satisfação que você nunca imaginou.

Considere expandir sua visão e achar espaço para mais do que seu ego espera. Esse exercício, se praticado regularmente, reduz o sofrimento e cultiva a vida que você deve ter em vez da vida que planeja ter.

DECIDA SEU PRÓPRIO HUMOR

Quem trabalha para uma empresa opera sob as expectativas de seus empregadores. Com o tempo, isso pode criar tédio, frustração, até ressentimento. Mas e seu humor e objetivos diários? Afinal, estudos mostram que humores matinais ficam conosco o dia todo. Então, conforme se prepara para começar seu dia, lembre que pode personalizar seu trabalho e sentir-se mais empoderado no processo. Talvez seu chefe queira que você faça ligações de telemarketing para certo número de clientes por dia. Que tal atingir esse objetivo com uma meta pessoal adicional de buscar uma coisa positiva em cada cliente com quem falar?

Quando você coloca metas atingíveis baseadas em confiança, calma e positividade, costura ações pessoais às reações aos pedidos da empresa. Torna seus objetivos particulares uma prioridade, para eles não se perderem embaixo da pilha de tarefas. Você foca de novo em seus objetivos no decorrer das horas, para garantir o impulso de continuar perseguindo-os. No fim do dia, mesmo se não tiver alcançado a meta da empresa, pode saborear a satisfação de ter atingido as suas.

USE SEUS INSTINTOS CRIATIVOS

Para exercitar seus instintos criativos no trabalho, você precisa de uma mente aberta que lhe permita considerar possibilidades ilimitadas para pensar de forma criativa. Instintos criativos o libertam do domínio da mente racional, onde reside seu crítico interior, e o imergem numa sabedoria intuitiva de outro tipo – uma sabedoria que ajuda a ver e tomar decisões saudáveis e produtivas de um lugar inteiramente diferente, de maneira totalmente diferente.

A criatividade anda de mãos dadas com a clareza mental e a coragem de arriscar. Ela fomenta a sincronização com a maré da vida, uma harmonia criativa que se manifesta como momentos de pico, como unidade e como uma sensação rica de estar plenamente vivo. Quando você exercita seus instintos criativos, não empurra o rio, porque está fluindo no momento.

Imagine como seria se cada dia de trabalho fosse envolvente, divertido e criativo. Contemple algumas atitudes de mindfulness que pode praticar para participar mais inteiramente do processo criativo. Aí, comprometa-se com quando e onde implementar essas ideias.

CUIDE DE SI

De tempos em tempos, você pode se pegar colocando suas necessidades no fim da lista, para antes cuidar dos outros. Pode até ser atraído para amigos, relacionamentos íntimos ou sócios comerciais de quem tenha pena e que precisem de ajuda. Resgatá-los tira o foco de você e coloca em outra coisa. Talvez você ouça uma palestra e pense: "Ah, é isso que meu marido ou amigo precisa ouvir", em vez de absorver o conselho para si.

A abnegação é uma virtude, ou é o que nos dizem, e colocar a si mesmo em último lugar mostra força de caráter. Verdade seja dita, se você quer ajudar os outros, a chave é cuidar primeiro de si, com força, não fraqueza. Ao sacrificar seu bem-estar (nutrição, descanso e exercício), você fica estressado e esgotado, o que limita a energia que pode dar a seu trabalho, seus amados e seus amigos. Quando já está sobrecarregado, o autocuidado é essencial – fazer coisas que o interessem e o reabasteçam.

Se um colega pede para você fazer algo que não quer, diga não. Posicione-se quando um amigo tirar vantagem de sua boa vontade. Recuse-se a resolver o problema de um ente querido pela milésima vez. Às vezes, a melhor forma de cuidar é colocar um limite para se proteger. O autocuidado o prepara para dar mais amor e sustento aos outros. Quando você se coloca em primeiro lugar, há mais de você para dar.

PEÇA PERDÃO

Erros do passado nunca podem ser completamente apagados, mas podem ser remediados. O propósito do passo 9 do Workaholics Anônimos é reparação e reconciliação. Você age e se redime diretamente com aqueles que prejudicou quando estava trabalhando sem parar. Este passo tem o potencial de lhe trazer paz de espírito e libertação da cadeia de arrependimentos. Quando você se redime, pede perdão por humildade e por um desejo genuíno, não por culpa ou obrigação. Durante o processo de reparação, você perceberá de repente que sua criança interior cresceu e que você é um adulto mais maduro e responsável. Restaurou seu respeito por si e o dos outros por você.

Aprender a perdoar é uma medida real da recuperação bem-sucedida. E é importante incluir na mistura o perdão pelo abuso que fez a si mesmo. Desde que possa perdoar, você nunca será derrotado. Pergunte quem você magoou com seu vício em trabalho e com quem precisa se resolver. Aí, faça as pazes diretamente com essas pessoas, a não ser que isso vá machucá-las, e então conceda o mesmo perdão a si mesmo.

ENSINAMENTOS DE SETEMBRO

- Identifique os ladrões de equilíbrio e não deixe que invadam sua vida.
- Aplique os oito Cs para autointegração e para conquistar a vida plena.
- Recuse-se a se pressionar com prazos irreais.
- Comece seu dia sorrindo, mesmo que tenha de fingir até ser real.
- Coloque-se no agora, estando consciente da impermanência.
- Siga os Dez Mandamentos do Autocuidado para cultivar maior equilíbrio entre vida pessoal e profissional.
- Comprometa-se a participar ativamente na família, em vez de ficar às margens.
- Desculpe-se com as pessoas que machucou, peça perdão e perdoe as que o magoaram.

OUTUBRO

No momento em que encostamos na menor sombra de dor, fugimos; nunca saberemos o que está além daquela barreira, parede ou medo em particular.

—PEMA CHÖDRÖN

CONTINUIDADE E O NOVO NORMAL

Em outubro, os dias são abundantes de folhas e flores coloridas. Abóboras laranjas enfeitam a paisagem no Halloween e há uma brisa no ar que favorece o relaxamento interior que você cultivou. Você celebra a mudança de estação com o Dia das Bruxas ou Halloween. O tema deste mês é sustentar o novo normal criado para lidar com seus hábitos antigos.

Seus colegas vão embora do escritório num horário razoável. Saem de férias com a família. Estão presentes nas atividades da escola dos filhos. E são tão produtivos e bem-sucedidos quanto você. O que tem de errado nessa imagem? Agora, você sabe que sua mente lhe prega peças. Ela distorce seus pensamentos de formas que você não conhecia antes.

Neste capítulo, você se compromete com as práticas de mindfulness contínuas que estabeleceu para manter sua vida equilibrada. Está continuamente disposto a abrir mão de negatividade, controle, raiva e todos os outros hábitos que antes faziam sua vida ir pelo ralo. Continua a fazer uma análise pessoal e quando está errado, admite prontamente, determinado a não cair de volta em velhos hábitos de workaholic.

Você está consciente de que já não tem obrigação de aguentar o peso do mundo. Talvez esteja menos apegado a resultados e faça seu melhor para aceitar o que quer que aconteça. Preocupação, controle e impaciência se tornam cargas passadas. Você continua a se lembrar do que pode mudar em si e do que não

pode mudar nos outros. Não deixa pequenas catástrofes urgentes roubarem a calma e serenidade que tem construído. Desacelera e relaxa seus hábitos de trabalho frenéticos e continua incluindo meditação e alimentação consciente para acalmar sua mente.
Muitas das perguntas continuam as mesmas, mas você está comprometido com uma mentalidade diferente. Será que os chefões vão rejeitar minhas ideias? Consigo cumprir o prazo? Vou chegar em casa a tempo do jantar? Quando algo ruim acontece, você fica curioso, em vez de julgar, e pergunta: "Como posso olhar para essa dificuldade de outra forma e fazer com que ela me beneficie?" Talvez você pense: "Meu chefe não tem confiança em mim." E reformule a afirmação com um pensamento mais verdadeiro: "Talvez eu não acredite em mim mesmo neste momento."
Você começa a suspender suas crenças e para de tirar conclusões precipitadas. Já não começa a trabalhar logo que acorda, come correndo ou pula refeições para terminar tarefas. Evita xingar aquela pessoa que está andando devagar na sua frente ou estourar com um colega por ele ser preguiçoso. Seu hábito de aumentar problemas pequenos, transformá-los em obstáculos enormes e encharcar seu sistema nervoso com um coquetel de estresse, frustração ou impaciência se torna uma memória distante.
Você talvez nem saiba, mas o novo normal em sua visão e em suas ações contínuas muda a estrutura de seu cérebro com o tempo. Você faz novas ligações mentais com padrões automáticos e mais saudáveis que levam a um relaxamento natural e à integração entre vida pessoal e profissional.

DESACELERE COM A MEDITAÇÃO

A meditação mindfulness acalma a mente. Ela faz o que a medicina antes contava com remédios para fazer: desacelera a frequência cardíaca e os padrões de ondas cerebrais e melhora o sistema imunológico. A meditação focada no agora apresentada a seguir pode ajudá-lo a prestar mais atenção às necessidades de seu corpo, mente e alma.

Visualize-se vivendo seu dia momento a momento em ritmo lento. Comece ao acordar. Passe por sua rotina desacelerando. Veja-se tomando banho, comendo e dirigindo mais devagar, estando no agora e fazendo uma coisa a cada vez. Veja os acontecimentos do dia enquanto eles se desdobram. Liberte qualquer impulso de se apressar. Note como se sente enquanto relaxa no presente. Prestando atenção ao seu corpo, descubra do que ele precisa e o que não está recebendo. Do que a sua mente precisa? Visualize-se atendendo a essas necessidades, uma por uma. Repita esse exercício sempre que necessário.

MUDE A SI MESMO PRIMEIRO

Agora, já não é surpresa que workaholics são famosos pela necessidade de controlar outras pessoas e situações. É por isso que você ama trabalhar: consegue controlar isso. Ou pelo menos se engana pensando que consegue.

Verdade seja dita, se já é difícil mudar a si, imagine mudar outra pessoa. Pense nisso como dois lados de uma mesma rua. Há pouco que possa mudar além do que você pensa, sente e de suas ações. Quanto mais focado estiver em manter seu lado da rua limpo, mais administrável sua vida se torna.

Quando você ficar consciente de quantas vezes tenta mudar outra pessoa – em coisas grandes e pequenas –, talvez se surpreenda com quanto inflige esse controle em colegas de trabalho, amigos e familiares. Essas ações são fúteis, estressantes e adicionam outra camada de "trabalho" ao seu emprego diário. Pergunte-se a que você está resistindo e como está criando estresse desnecessário. O que não pode mudar e de que precisa abrir mão para ter mais serenidade em sua vida?

DIGA OBRIGADO AO SEU GRUPO DE APOIO

Poucos de nós têm o direito aceitar créditos totais por nossas conquistas, embora, boa parte do tempo, não reconheçamos quem nos ajudou. Você provavelmente tem um grupo de apoio composto por entes amados, amigos e colegas de trabalho que o ajudaram a chegar onde está – alguns de forma mais óbvia e outros, mais sutil.

Talvez um cônjuge ou amigo tenha cuidado das saídas em família ou responsabilidades financeiras, ficando em segundo plano, apoiando-o enquanto você trabalhava a noite toda. Talvez um pai tenha ajudado, ou um vizinho. Ou talvez você tenha tido a sorte de poder contratar ajuda externa para manter sua vida pessoal funcionando.

Há muitas maneiras de dizer obrigado a quem lhe deu cobertura: um ato de gentileza, um jantar especial ou um tempo para uma conversa sincera. Até um cartão escrito a mão mostra agradecimento. Considere todos que o ajudaram no caminho. Como você está agradecendo pelo apoio? Como quer fazer isso daqui para a frente?

SEJA ASSERTIVO, NÃO AGRESSIVO

Interesses conflitantes e desacordos são naturais no local de trabalho, mas você pode resolver suas diferenças sem ser antagônico. Afinal, quer vender suas ideias a colegas e clientes sem passar por cima deles, criticá-los ou apontar dedos.

Há momentos, porém, em que você precisa confrontar alguém no trabalho. A melhor abordagem é o caminho da assertividade – sem os extremos da agressão ou da passividade. Você ouve ativamente, se engaja no que um colega tem a dizer e fica aberto a outras ideias que conflitam com a sua. Em vez de ficar na defensiva, você é gentil, atencioso e respeitoso – mas firme e claro em afirmar suas perspectivas.

Como você acha que se dará nesse meio do caminho? Quais aspectos da sua abordagem você pode mudar?

ORGANIZE SUAS PEDRAS

Se você colocar pedras pequenas num vaso antes de tentar encaixar as grandes, não haverá espaço para as maiores. Mas se colocar primeiro as grandes, as pequenas cairão em torno delas. Algumas coisas são mais importantes que outras. Considerando o que é mais importante, provavelmente você terá mais sucesso com o equilíbrio entre vida pessoal e profissional. É importante estar consciente de quais aspectos da sua vida são essenciais. Defina prioridades claras e práticas. Organize suas prioridades em torno das pessoas que ama, não as pessoas que ama em torno de seu trabalho.

Quais são suas pedras grandes? Em torno de que você organiza sua vida?

BAIXE SUA DEFESA

Somos todos defensivos ou esquentados às vezes. É a forma como somos programados, então, sentir-se assim não faz de ninguém uma má pessoa. Alguém o irrita ou machuca e automaticamente cria-se uma barreira. É o desenho elegante de seu sistema nervoso.

Você precisa de defesas contra ameaças à sobrevivência assim como precisa de suas costelas para proteger seus órgãos vitais. Mas sejamos sinceros, poucos de nós encontram ameaças regularmente. Apesar disso, suas defesas reagem como se você estivesse sob ataque quando é ameaçado com a separação de um cônjuge, perda de uma promoção ou com problemas de um filho na escola.

Imagine que você, com consciência e atenção plena, baixasse suas defesas e se abrisse a novas experiências. E se você se perguntasse: "O que estou defendendo dentro de mim?" e "Como seria cada momento se eu estivesse conscientemente aberto à vida sem defesas?" Pense em como seria seu mundo se você fosse livre, relaxado e não tivesse medo do desdobramento de cada dia.

DIGA MAIS SIM

É provável que você automaticamente diga mais não do que sim – em especial a pedidos que podem interferir no trabalho. Com o tempo, o acúmulo de milhares de pequenos nãos pode criar uma vida fechada. Alguns sins podem virar muitos, abrindo todo um universo de experiências transformadoras.

Tente este experimento por um dia: preste atenção em a quantos pedidos, oportunidades, convites ou perguntas você diz não. Pode ser um convite para uma festa, um drinque com colegas depois do trabalho, jantar com amigos, uma reunião de família.

Anote em seu telefone cada vez que disser não. Ao fim do dia, some o número de vezes que recusou algo por causa do trabalho. Quantos nãos poderiam ser uma chance de crescer ou fazer novos amigos? Imagine quantas vezes você perdeu coisas que deveria ter na vida porque agarrou com força demais a vida que achou que deveria ter? Talvez sua hesitação seja o sofrimento que você poderia ter evitado.

NÃO SEJA UM ABUSADOR DE TRABALHO

Você é o tipo de funcionário que trabalha mais de 40 ou 50 horas semanais, pulando o horário de almoço para comer na mesa, ficando em contato constante com o escritório aos fins de semana, feriados e férias, sentindo-se nervoso ou ansioso quando está de folga?

Se você é um abusador de trabalho, usa seu emprego para escapar de problemas pessoais. A empresa é o lugar onde a vida realmente acontece para você – o depósito secreto de drama e emoção –, um lugar em segurança da imprevisibilidade da vida, a distância de sentimentos ou compromissos indesejados. Quando você abusa do trabalho para escapar de condições desagradáveis, está na verdade interessado em se esconder, o que ironicamente cria mais estresse do que as coisas das quais tenta escapar.

Quem trabalha normalmente sabe quando impor limites. Está completamente presente com familiares e amigos e usa o trabalho como uma obrigação necessária e gratificante. Quem é workaholic abusa do trabalho numa tentativa desesperada de escapar de algo que não é capaz de enfrentar.

Onde você se encaixa no espectro de *normal* e *abusivo* do trabalho? Já evitou enfrentar algo que precisa de atenção?

AJUSTE SUA ATITUDE

Quando pisei em Veneza pela primeira vez, fiquei encantado pelo aroma e sabor da comida italiana, a arquitetura dos prédios antigos e as gôndolas românticas flutuando nos canais ao som de músicas do velho mundo. No fim das férias, já notava rachaduras no pavimento, o ar quente e poeirento, lixo boiando nos canais e grafites maculando os prédios. Veneza ainda era o mesmo lugar romântico e lindo de quando cheguei, mas, em minha mente, havia azedado. Quando percebi que minha atitude – não a cidade – tinha mudado, consegui voltar à minha impressão original.

Se deixada correndo solta, sua atitude pode jogá-lo na negatividade e derrota. Veja se consegue pensar em um comportamento que precisa ser ajustado. Pratique mudar a forma como age com uma pessoa, lugar ou situação uma ou duas vezes por dia, até os sentimentos positivos aumentarem e os sintomas de estresse diminuírem.

RECOMECE

Ao enfrentar a mortalidade, você presta mais atenção a como está levando sua vida. De repente, quer viver de outra forma e a vida ganha mais significado. Pensei sobre o que faria diferente se pudesse recomeçar. Eu desaceleraria, trabalharia menos e me divertiria mais. Deixaria a cama sem arrumar pela manhã e, em vez disso, observaria o nascer do sol e os passarinhos no bebedouro. Deixaria a perfeição de lado. Falaria o que penso – mesmo que isso magoasse alguém. Passaria menos tempo nas redes sociais e mais tempo em conversas sinceras com amigos e entes queridos. Teria mais momentos despreocupados, jogaria meu destino ao vento, arriscaria o pescoço e cantaria no carro como se ninguém estivesse olhando. Caminharia descalço na chuva sem guarda-chuva. Tiraria um dia de folga do trabalho para dedicar ao meu bem-estar, não a uma doença, e não me preocuparia se o mundo iria parar por isso. Ficaria com meu marido na cama e não com meu laptop. Perceberia que meu trabalho é importante, mas não tanto quanto todas as coisas que perdi no caminho. E você? Liste algumas coisas que faria diferente se pudesse recomeçar.

RECONHEÇA O QUANTO PROGREDIU

Seja no trabalho ou num relacionamento, em economizar dinheiro, perder peso ou completar um projeto, se você está preocupado e apressado, provavelmente pula as fases intermediárias, porque é nelas que se sente desencorajado. É natural ficar impaciente a caminho de seus objetivos. Quando você está se sentindo perdido e sem esperança, saber que o progresso é composto de fases de incapacidade, incerteza e dúvida pode elevar sua confiança para continuar remando. O meio do caminho é onde o progresso parece desacelerar. Você fica impaciente e desiste de suas metas porque vê o quanto ainda falta, mas esquece de olhar para quão longe já chegou.

O progresso é gradual e ocorre em níveis que não são vistos. Pequenos passos se acumulam lentamente, assim como riachos se tornam rios e rios correm para o mar. Reconhecer quão longe você chegou – não só ao atingir o objetivo – dá uma ideia realista de seu avanço. Celebre os dois quilos que perdeu, em vez de focar nos cinco que ainda teimam em ficar. Se estiver tentando melhorar um relacionamento, pergunte: "As coisas estão melhores?", não "As coisas estão perfeitas?"

CANCELE AS MISSÕES PARA ENCONTRAR CULPADOS

Quantas vezes você se vê numa missão para encontrar culpa nos outros – ou em si mesmo? É quase como se estivesse procurando desculpas para ficar frustrado ou irritado, determinado a colocar alguém contra a parede por seus erros e incompetência. Você se sente mais seguro ou no controle quando seus colegas enfrentam a derrota? Sente-se mais competente quanto mais inapto um colega for? Ser pago para avaliar, examinar e fazer críticas construtivas é uma coisa. Exercer sua superioridade sobre os outros de forma cruel para disfarçar suas próprias inseguranças é outra. A maioria de nós está dando seu melhor. Quando você começa a tentar achar culpados, é importante perguntar o que ganhará. Poder? Autoestima? Revanche? Segurança? Suas falhas fazem parte de sua condição humana. Todos nós as temos. Elas nos tornam quem somos. Se você é um buscador de culpa de carteirinha, considere entregar essa carteirinha e se tornar um buscador de pontos positivos.

CONTINUE AVALIANDO

O passo 10 do Workaholics Anônimos diz: "Continuamos a fazer um inventário pessoal e, quando estamos errados, admitimos prontamente." Nesse passo, você segue o processo que começou no passo 4 – conscientizar-se de seus sentimentos e responsabilizar-se por suas palavras e ações.

Seu trabalho mais importante é viver uma vida melhor. Mantenha um clima de honestidade e abertura no escritório, na fábrica ou em casa. Crie o hábito de limpar seu próprio lado da rua. Admita seus erros e imperfeições sem se condenar e pare com racionalizações, justificativas e álibis para falhas passadas. Use a mesma medida com colegas ou pessoas amadas que cometerem erros. Continue a perdoar os outros e a si, e a estabelecer agendas e prazos profissionais razoáveis que reduzam o estresse e aumentem a produtividade.

Tenha consciência de que ninguém chega à perfeição, e de que a vida é uma série de lições e erros com os quais aprender. Avaliando diariamente onde você errou e admitindo isso, você fica mais saudável e forte. Um processo de autoexame e *insight* sobre si que vai durar a vida inteira e mantê-lo relaxado em um mundo profissional instável.

ENSINAMENTOS DE OUTUBRO

- Silencie sua mente meditando por cinco minutos a cada dia.
- Agradeça a todos os que o apoiaram enquanto você trabalhava sem parar.
- Seja assertivo em vez de agressivo ou passivo.
- Considere dizer sim quando automaticamente quer dizer não.
- Baixe suas defesas quando elas não forem necessárias, para ser mais aberto.
- Reconheça o progresso que fez quando quiser focar no quanto ainda tem que caminhar.
- Sempre que sentir que quer encontrar culpados, procure, em vez disso, pontos positivos.
- Continue avaliando seus erros e infrações e admita-os prontamente.

NOVEMBRO

Relaxar não é algo que você faz – é uma forma de pensar, um jeito de estar no mundo.

CONEXÕES CONSCIENTES INTENSIFICADAS

Novembro é um período de transição para o fim do ano e, no hemisfério norte, do colorido do outono para o frio do inverno. Talvez seja difícil saber se é para usar roupa de frio ou de calor, mas uma coisa é certa: existe uma consciência intensificada de como sua vida de correria e pressa se tornou destrutiva. E, quando isso se revela, você não consegue mais voltar atrás.

De muitas formas, novembro é um mês sagrado. Nos Estados Unidos, é a época de comemorar o Dia de Ação de Graças. Agradeça e expresse gratidão, por meio da meditação ou oração, pela abundância em sua vida. Todos os outros meses o trouxeram até onde está hoje, como resultado de suas práticas. Sua atenção crescente oxigena um estado intensificado de consciência espiritual. Constantemente ciente da Ação Correta, você continua buscando o contato consciente intensificado, e suas ações vêm de seu coração, não só de sua cabeça. Como resultado de suas práticas de mindfulness, você fica consciente dos sentimentos alheios e afinado com suas próprias emoções e sabedoria interior. E suas mudanças internas se refletem em comportamentos modificados.

Você passa mais tempo de qualidade com família e amigos porque gosta disso. É paciente e cortês com a caixa do supermercado que ridicularizou por ser lenta demais, porque admite que ela está fazendo o melhor que pode. Reconhece e elogia colegas por um bom trabalho, pois eles merecem gratidão. Aconselha amigos a desacelerar e relaxar, pois se preocupa com eles. Presta atenção às suas necessidades pessoais, pois elas são importantes. Desculpa-se com familiares por ser duro demais com eles, pois se arrepende. Ajuda familiares com tarefas domésticas, pois é sua responsabilidade fazer sua parte em casa. Vai ao recital ou jogo de futebol de seu filho, pois está tão interessado na vida dele quanto na sua própria.

Neste capítulo, você se pergunta quais mudanças ainda pode fazer para cultivar uma vida mais rica, saudável e cheia de sentimentos. Considera as áreas negligenciadas em sua vida e desenvolve uma disposição para pisar fora de sua zona de conforto. Como resultado direto de uma consciência espiritual mais profunda, você começa a identificar os passos que pode dar para criar uma vida repleta de sentimentos. Você não acorda de madrugada, começa a trabalhar apressado e pergunta o que pode resolver já no início do dia. Ganha distância da finalização da tarefa e pensa no agora, e não no resultado final. Suspende sua necessidade de finalizar coisas e foca na bondade com tudo e todos ao seu redor no presente. E põe tudo isso num lugar seguro.

Bem-vindo ao lar.

EXPERIMENTE IOGA NA CADEIRA

Quando seu trabalho é uma dor de cabeça e você fica sentado por longos períodos, seu corpo precisa de atenção para acompanhar sua mente produtiva. Ioga na cadeira é uma forma suave da atividade que ajuda a relaxar e aumenta a clareza mental, força física e flexibilidade. Se você não tem tempo de ir à academia, pode praticar ioga entre compromissos na sua própria mesa.

Sentado na cadeira, inspire e eleve seus braços para o céu. Deixe suas escápulas descerem enquanto estica as pontas dos dedos para cima. Ancore os ísquios no assento e se estique a partir deles. Coloque a mão esquerda no joelho direito e o braço direito nas costas da cadeira. Alongue suavemente por sessenta segundos. Coloque a mão direita no joelho esquerdo, com o braço esquerdo nas costas da cadeira, por mais sessenta segundos.

POSE DA VACA: Com os dois pés no chão, alongue a coluna. Coloque as mãos nos joelhos. Inspire e arqueie a coluna, girando os ombros para baixo e para trás. Aproxime as escápulas.

POSE DO GATO: Arredonde a coluna, deixando o queixo cair no peito e os ombros e a cabeça tombarem para a frente. Alterne entre a pose da vaca na inspiração e a pose do gato na expiração, por cinco respirações.

CURE SUA DISMORFIA PROFISSIONAL

Dismorfia profissional é uma perspectiva enviesada de seus hábitos de trabalho, segundo a qual suas falhas são ou imaginadas ou gravemente exageradas, e sua carga de trabalho nunca é suficiente. Talvez você alegue que não trabalha tanto assim e que uma semana inteira de trabalho na verdade só está preenchida pela metade. Por dentro, sente-se um folgado em fins de semana ou férias ou quando trabalha meio-período.

Embora você exceda as expectativas dos outros, suas percepções são tão rígidas e distorcidas que, em sua cabeça, você nunca atinge seus próprios parâmetros. Julgando duramente a si mesmo, continua refazendo até acertar – o que acontece raramente, e você se sente um fracasso na maior parte do tempo. Quando coloca para si um objetivo que realmente pode alcançar, você pensa: "Não valeu a pena; não foi nada." Aí, cria metas mais altas que não tem como conquistar.

Reflita sobre algumas formas de adotar uma perspectiva mais equilibrada sobre os padrões que cria para si. Pergunte-se quais ações pode fazer para curar sua visão distorcida de por quanto tempo e com que frequência você trabalha em comparação com quão pouco e infrequentemente relaxa.

RESPIRE DE FORMA CONSCIENTE

Estressores podem vir do trabalho ou de casa e, às vezes, parecem atacar de todos os ângulos. O corpo humano descarrega 70% de suas toxinas através da respiração. Se sua respiração não está operando no ápice da eficiência, você não está liberando toxinas. Respirar de forma profunda e consciente devolve a vida a seu corpo, ajuda a superar as dificuldades do cotidiano e é um bálsamo para a alma.

Note sua respiração agora. Ela está vindo do alto do peito ou do fundo do abdome? Está rápida ou lenta? Quando você faz respirações fundas conscientes, não fica tão nervoso com prazos de última hora ou compromissos perdidos. Respire profundamente durante o dia de trabalho porque seu corpo não consegue manter o mesmo nível de estresse com oxigênio extra na corrente sanguínea vindo da respiração abdominal.

FIQUE CONFORTÁVEL ESTANDO SOZINHO

Provavelmente, você passa tanto tempo trabalhando que se sente isolado dos outros. Às vezes, a única forma de entrar numa conversa é falando de trabalho. E isso acaba ficando chato e repetitivo. Casado com o trabalho, você tem pouco tempo para interagir com os outros. Isola-se mesmo quando não está trabalhando, sente-se um forasteiro e esquece como se divertir. Seu melhor amigo é seu laptop, mas ele só fala com você por meio do corretor automático.

Buscadores de trabalho que têm momentos de espiritualidade profunda ou relacionamentos autênticos consigo mesmos dizem que o benefício principal é que não se sentem sozinhos. Quando dedica tempo a construir uma relação duradoura com você mesmo, começa a sentir-se mais completo. Além disso, há sempre um lugar para amigos, colegas e familiares quando você para de negar seu valor, desfruta de interesses fora do trabalho e dedica tempo a compartilhá-los com os outros.

Pondere sobre como você talvez tenha se separado de família e amigos – até de colegas de trabalho que gostam de se divertir no escritório. O culpado por seu isolamento ou sensação de ser um forasteiro não são seus amigos, sua família ou seus colegas de trabalho. É a necessidade compulsiva de trabalhar que usurpa o tempo que você poderia passar com os outros.

TENHA RECURSOS

Um recurso é qualquer coisa que o ajude a se sentir mais calmo em situações de estresse. Pode ser algo de que você gosta em si mesmo, uma memória ou experiência positiva, uma pessoa, lugar, animal de estimação, guia espiritual ou qualquer coisa que lhe traga conforto, alegria ou serenidade.

Para ativar seus recursos, simplesmente traga-os à mente, junto com todos os detalhes que os sustentam ou alimentam. Um dos meus recursos é a memória de tomar café da manhã na varanda de um chalé de praia alugado, observando barcos de pesca deslizarem pela água diante de um enorme nascer do sol redondo e vermelho.

Pense em seu recurso com detalhes vívidos. Então, direcione sua atenção para dentro de sua experiência sensorial interna. Note onde em seu corpo você sente as sensações agradáveis ativadas pelo recurso. Preste atenção a sua respiração, frequência cardíaca e tensão muscular. Esteja consciente das mudanças. Sua respiração pode desacelerar ou seus músculos, se soltarem. Passe alguns minutos focando no que mudar.

Quando terminar o exercício, traga sua atenção para o corpo todo, percebendo as mudanças que ocorreram e ficando com elas por alguns momentos.

SEJA TESTEMUNHA, NÃO VÍTIMA

Você provavelmente tem histórias de guerra sobre suas dificuldades pessoais tentando conciliar tudo: trabalho, família, filhos, amizades e, se tiver tempo, você. É possível ficar tão apegado a histórias passadas que elas o mantêm preso como o ator num drama enquanto você repassa mentalmente as dificuldades. "Que horrível!"

Quando você se coloca na posição de quem está recebendo tudo, continua se sentindo vitimizado. Mas colocar-se na posição de testemunha de uma situação desagradável o tira do modo subjetivo e o coloca no papel de observador imparcial. O papel de testemunha de suas feridas anteriores evita que você sinta de novo a dor e tem o potencial de motivá-lo a seguir em frente.

Enquanto você se acostuma com seu poder recém-descoberto, tente reescrever a narrativa. O acontecimento já passou. Você pode se lembrar, em vez disso, do momento em que soube que estava seguro ou que aquilo já tinha acabado. Pode focar nas pessoas que estavam lá para protegê-lo, ajudá-lo e apoiá-lo. Ao experimentar isso, note como se sente diferente.

RECONHEÇA SEU VALOR INERENTE

Quais mudanças você precisa fazer em seu interior para poder trabalhar com calma, confiança e alegria? Pode mudar sua visão do que a cultura corporativa e os chefões o levaram a acreditar sobre o trabalho. Você é mais que uma engrenagem numa máquina, mais do que a forma como administra o tempo, quanto produz ou sua velocidade em cumprir prazos. É mais do que as expectativas de seus executivos, decisões difíceis e finalizações de tarefa.

É hora de enxergar a verdade sobre si. As qualidades que você traz ao trabalho são seu valor inerente, autoestima e significado sagrado em tudo o que faz. Não precisa exagerar para se provar. Você já tem valor. Já é digno. Tem todo o necessário; só precisa se apresentar e aplicar seu valor.

CAMINHE COM CALMA

Eu sei, eu sei. É um paradoxo, mas quanto mais você caminha com calma em vez de correr, mais eficiente você é. Descobri que é verdade em minha vida pessoal e há estudos que o comprovam. Lembre: a tartaruga ganhou a corrida!

Você provavelmente está tão acostumado a correr que acha que é a única forma de fazer as coisas. Mas a pressa nubla sua mente, o exaure e reduz sua eficiência. Ter um dia de trabalho tranquilo e estável, por outro lado, mantém a energia lá em cima, a mente limpa e a produtividade alta. E, no fim do dia, muitas vezes você ainda tem reservas.

Não precisa continuar permitindo que pressões profissionais constantes ditem sua vida. É possível arranjar tempo para fazer as coisas que ama. Embora isso possa soar impossível, não é. Talvez seja contraintuitivo, mas seu corpo não foi feito para correr 24 horas por dia. A não ser que esteja sob ameaça, você foi feito para caminhar com calma, para não se desgastar antes da hora. Passe o resto do dia caminhando mais devagar para todos os seus compromissos e veja o que acontece.

DÊ MARCHA A RÉ

Se você é obstinado, vive a vida de trás para a frente. Passa tempo demais ocupado tentando controlar o mundo exterior, focado em completar tarefas e manter a ordem. Tenta ganhar coisas materiais, aprovação ou dinheiro para poder ter mais do que quer para ser feliz.

Equilíbrio e relaxamento envolvem viver a vida em marcha a ré. Você aprende a ir além da ilusão de controle e tenta entregar esse controle a uma Energia Superior. O primeiro passo é viver de dentro para fora, e não de fora para dentro, cultivando uma vida interior rica e saudável. Isso exige, primeiro, se encontrar e ser você mesmo através de percepções, clareza e contemplação profunda sobre as raízes de seu desequilíbrio.

Separe um tempo para ponderar sobre o que precisa de correção no interior antes de se esforçar para criar sua vida exterior. Você consegue definir o que tentou conquistar por fora para encher-se por dentro? É possível identificar o que precisa fazer para preencher esse espaço vazio por dentro antes de jogar a rede lá fora, para poder desfrutar completamente do que lhe espera?

ABRACE A DOR

Enfrentar a dor e o sofrimento da mesma maneira que se enfrenta o prazer e a felicidade contradiz nossa natureza humana básica. Mas a verdade é que encontramos a felicidade aceitando a dor e sofrendo em vez de tentando escapar para algo mais agradável.

Em meu próprio crescimento pessoal, adotar esse caminho contraintuitivo ainda é o maior desafio para superar alguns de meus antigos maus hábitos. Mas descobri que, quando abraço a dor e o sofrimento, isso me liberta do medo, me ajuda a relaxar e sinto mais calma e compaixão. Situações dolorosas podem ensinar a viver além da ilusão de controle. Ajudam a crescer e a cultivar sabedoria. Acordam a coragem e resiliência que não percebíamos que existiam em nós. Dor e sofrimento nos transportam do instinto animal básico de fuga a uma compreensão mais profunda de nós mesmos, uma conexão espiritual significativa e uma compaixão verdadeira.

E você? Consideraria enfrentar sua dor e seu sofrimento em vez de fugir? Você confia que esse caminho menos usado pode levá-lo a uma conexão mais profunda consigo e com os outros? Ao questionar essas ideias, veja se descobre mais calma e compaixão e menos dor e sofrimento.

AFIRME SEUS ESFORÇOS

A voz interior tem um poder incrível. Ela pode fazer com que você pense que é capaz de conquistar algo ou desista antes mesmo de tentar. Ainda que você tenha uma habilidade, talvez diga a si mesmo que não é capaz. Não importa se está começando um emprego novo, apresentando uma ideia à administração ou fazendo entrevista para uma promoção, você pode escolher a direção de sua voz interior. É tão fácil afirmar suas capacidades com uma mensagem positiva quanto se colocar para baixo.

Afirmações positivas ajudam a lidar melhor com a adversidade, porque auxiliam a ver soluções para problemas de trabalho ou da vida pessoal. Não são truques para convencê-lo de que uma situação é melhor do que é na realidade. São prescrições de encorajamento a seu alcance: "Consigo fazer o que estiver decidido a fazer" ou "Posso lidar tranquilamente com esta situação."

Você se torna proficiente naquilo que diz a si mesmo com regularidade. Uma visão positiva pode desfazer o prejuízo de todo o estresse para sua mente e seu corpo. Pode literalmente ajudar a reparar o desgaste cardiovascular. Afirmações positivas mandam ao corpo uma mensagem diferente das emoções negativas, criando um efeito calmante. Pense sobre qual apoio positivo você precisa dar a si mesmo para mudar o curso de sua vida.

ABRACE O FRACASSO E O SUCESSO

Tudo tem seu oposto. Para abraçar o sucesso, você precisa primeiro aceitar seu oposto: o fracasso. Sei que isso talvez soe como uma loucura, mas não dá para ter um início sem um fim, uma frente sem um verso, um alto sem um baixo. Se você está batendo a cabeça na parede para conseguir aceitação, precisa primeiro aceitar que ganho e perda funcionam juntos.

Talvez queira que sua proposta de trabalho seja aceita, mas é capaz de aceitar a rejeição dela? Você aceita ganhar a promoção, mas aceita perdê-la? Quer que sua família apoie seus hábitos de trabalho, mas está disposto a aceitar que ela não apoia?

Tudo tem uma outra ponta. Para conseguir o que quer, você precisa estar disposto a aceitar o que não quer. Escolher a aceitação fertiliza sua motivação de levantar e sacudir a poeira mais uma vez. Quando você se desapega de um resultado, é mais fácil aceitar o fracasso se ele ocorrer.

ESTEJA ABERTO ÀS CRÍTICAS CONSTRUTIVAS

Por colocar tanto esforço em seu trabalho, é provável que você seja sensível demais às críticas. Não quer ouvir nem mesmo as críticas construtivas. Quer elogios; quanto mais, melhor. Mas como isso o ajuda a crescer? Claro, é bom ser elogiado, mas é um problema ficar apegado a isso. Se você sempre busca elogios e ignora as críticas construtivas, corre o risco de ser arruinado pelo que parece positivo, quando poderia ser salvo exatamente pelo que parece negativo.

Para destacar-se, você pode estar disposto a aceitar *feedback* construtivo de colegas, amigos e familiares. A única forma de se conhecer e ter sucesso é pelo espelho das relações humanas. Se seu ego for frágil demais para aceitar as críticas, é mais fácil se cercar de animais de estimação – eles não podem dar opinião.

Verdade seja dita, nem sempre dá para enxergar a água na qual se está nadando. Algumas críticas podem salvá-lo do afogamento. Quando você ajusta a sua atitude, como um bom remédio, fica mais fácil de engolir.

Você consegue lidar com as críticas construtivas sem levá-las para o lado pessoal? Consegue ouvir de forma imparcial e considerá-las úteis? Se não, o que precisa mudar para entender que pode haver algo de errado com o que você fez, não com quem você é?

EVITE BATUCAR OS DEDOS

O tempo é um artigo precioso para a maioria de nós. Para você também, certo? Você não gosta de ficar esperando. Não está acostumado a períodos inertes entre tarefas. Na era do "tudo instantâneo", sua personalidade obstinada acha insuportáveis os longos períodos de preparação e o ritmo glacial da espera por resultados: esperar um projeto decolar, notícias sobre uma promoção no emprego ou resultado de um exame médico. Enquanto espera, você não precisa batucar os dedos. Tente adotar uma atitude diferente. Que tal aprender a aceitar a vida como ela é, permitindo que ela determine o ritmo em que as coisas acontecem? Pense nisso. Você costuma ter que esperar por coisas que valem a espera. Lembre-se de que vale a pena ser paciente para que elas deem certo. Quando percebe que a vida tem seu próprio tempo, você não fica na expectativa de que o mundo se adapte a sua velocidade. Quando desacelera para se encaixar na harmonia natural, seu coração se abre e experimenta uma sensação de serenidade profunda.

DELEITE-SE COM SENTIMENTOS DA ALMA

Você é viciado nos sentimentos mundanos em vez dos sentimentos da alma? Quero dizer o seguinte: contemple o que sente quando alguém aplaude seu trabalho. Pondere como é ganhar um jogo, uma aposta ou uma discussão, ter sucesso em algo. Agora, compare esses sentimentos com um segundo conjunto de emoções que surgem quando você assiste a um pôr do sol, abraça alguém amado ou fica concentrado em uma tarefa gratificante.

Compare esse conjunto de sentimentos da alma com o primeiro conjunto de sentimentos mundanos. Perceba que a sensação de autoglorificação não tem a substância ou o entusiasmo de quando desfrutamos da companhia de amigos, familiares ou colegas de trabalho. Observe a si mesmo durante este mês.

Veja o que faz só para ganhar atenção, aprovação ou fama. Tente manter seu coração aberto tanto quanto puder.

SEJA GRATO POR SUAS BÊNÇÃOS

Quando você investe demais em seu emprego, muitas vezes trabalha com uma crença subjacente de que nunca é suficiente. Se você for preguiçoso, vai perder sua energia e virar um folgado. Então, carrega a visão distorcida do que precisa ser feito, o que está faltando ou o que não funcionou. Você se queixa do que não conquistou quando sua vida já é abundante? Durante a última semana de novembro, considere fazer uma pausa no lazer e nas pilhas de trabalho para contemplar tudo pelo que você é grato. Você vai descobrir que é mais realizado quando diminui seus desejos e dá graças pelas bênçãos que já tem.

Sem dúvidas, você é grato por sua família, pelas pessoas que ama e pelos amigos que são importantes na sua vida. Mas e os novos pensamentos e sentimentos saudáveis que você desenvolveu, a comida na mesa, sua casa e sua saúde? Você tem sorte de ter 86.400 segundos hoje. Faça com que eles valham a pena usando alguns para refletir sobre todos e tudo pelo que é grato. Depois, vá se divertir.

SEJA ATRAÍDO, NÃO IMPULSIONADO

Há uma grande diferença entre ser impulsionado e ser atraído. No auge do desequilíbrio entre vida pessoal e profissional, você é impulsionado por circunstâncias externas. Entrega seu poder pessoal para as pressões que vêm de fora. Impulsionado pelo ego, você permite que elas determinem seu destino.

Na recuperação do excesso de trabalho, você descobre um barômetro interno para guiar seus pensamentos. Vai em direção a uma liderança aberta e cheia de alma – de ser impulsionado por prazos para ser atraído por um chamado positivo e pessoal interno.

Questione o quanto de sua vida está sob controle de fatores externos em vez de fontes internas. Contemple o quanto ela é impulsionada, em vez de atraída por seu coração e sua alma. Então, pergunte a si mesmo quais ações podem levar a uma mudança para você liderar partindo de um lugar mais profundo e sensível.

BUSQUE CONTATO ESPIRITUAL CONSCIENTE

O passo 11 do Workaholics Anônimos diz: "Buscamos, pela oração e meditação, melhorar nosso contato consciente com Deus conforme O compreendemos, rezando apenas para conhecer o desejo de Deus para nós e o poder de agir de acordo com ele."

Encontrar e viver em contato espiritual consciente alimenta suas necessidades interiores. Você se dedica à oração e meditação, porque é a única experiência direta que podemos ter para conhecer Deus e viver uma vida interior, fora de nosso trabalho diário e de nossa família. Junto com o contato consciente, você notará que as cargas mentais, preocupações desnecessárias e pensamentos errantes vão embora um a um, e o vazio é substituído por paz, serenidade e momentos abundantes de relaxamento.

Talvez você tenha se afastado da sua religião da infância e da sua compreensão inicial de Deus. O passo 11 renova essa busca e muitas vezes o leva numa jornada diferente pelas fés e filosofias ocidentais e orientais, em que você encontra comunidades amorosas com as quais compartilhar seu contato espiritual. Sua busca o ajuda a ver as conexões entre todos os seres vivos e a importância de uma prática espiritual diária, seja através de meditação, oração, introspecção, ética da reciprocidade, paz mundial ou harmonia ambiental.

ENSINAMENTOS DE NOVEMBRO

- Tire cinco minutos por dia para praticar ioga na cadeira e exercitar a respiração abdominal consciente.
- Reconheça que você é um pacote completo: iguale seus fracassos e seus sucessos.
- Aprenda a esperar sem batucar os dedos ou ficar inquieto na cadeira.
- Sinta a diferença entre os sentimentos mundanos e da alma a cada dia.
- Dê graças a todos que mantêm sua vida estável enquanto você trabalha.
- Reflita sobre ser atraído por um lugar espiritual, em vez de impulsionado pelas demandas.
- Melhore o contato consciente com sua Energia Superior por meio da oração e/ou meditação.
- Esteja disposto a aceitar tanto as críticas construtivas quanto os elogios.

DEZEMBRO

Seu trabalho vai preencher uma grande parte da sua vida, e a única maneira de ficar realmente satisfeito é fazer o que você acredita ser um ótimo trabalho.

— STEVE JOBS

ÓTIMO TRABALHO

O décimo segundo e último mês, dezembro, sinaliza o fim de mais um ano. A primeira lua cheia de inverno, no hemisfério norte, traz consigo os flocos de neve. E as leituras mensais que descongelaram seu coração durante os onze meses anteriores aquecem o ar. Talvez você tire um tempo para ler um livro e beber alguma coisa contemplando o significado e a importância deste mês. Celebrações multiculturais de Hanukkah, Natal e Kwanzaa incorporam rituais atemporais transmitidos de geração em geração.

O solstício de inverno marca, no hemisfério norte, o dia mais curto e a noite mais longa do ano; o solstício de verão, no hemisfério sul, traz o dia mais longo e a noite mais curta. Dezembro marca o dia do Bodhi, no budismo – o dia em que Buda (que significa O Iluminado) sentou-se sob uma árvore até se levantar iluminado. Talvez a mensagem mais importante em todas essas cerimônias seja dar aos outros: fazer suas comidas festivas favoritas, comprar presentes e realizar simples ações de bondade.

Este mês de doação é um resultado de todos os outros, então é adequado que você considere o conceito de um "ótimo trabalho" – o ato de serviço altruísta e de retribuir o que recebeu. "Ótimo trabalho" é ao mesmo tempo um reconhecimento por praticar os exercícios de mindfulness de sua leitura e um compromisso de retribuir os presentes que recebeu. É provável que já tenha ouvido o elogio "ótimo trabalho" sendo usado no escritório ou em um campo esportivo. Você mostra o que realmente considera como um "ótimo trabalho" – que não é mais trabalhar sessenta ou setenta horas por semana para ganhar o prêmio de melhor vendedor do ano, virar noites para cumprir um prazo ou equilibrar tantos projetos que não tem tempo para nada mais na vida. Você reconhece que o ótimo trabalho também inclui trabalho em equipe, paixão, integridade, visão, ética e bondade. É mais do que mero desempenho profissional, é ficar conscientemente engajado consigo como uma inspiração brilhante, ao mesmo tempo em que compartilha o conhecimento obtido com sua própria experiência para desacelerar sua vida. Consciente, acordado e ciente, você pratica mindfulness e vive no presente porque escolheu viver assim.

Você se doa com liberdade, não por obrigação, mas por compaixão. Talvez acolha um novo funcionário ou comece um grupo de meditação em seu emprego. O ótimo trabalho é tratar pessoas de todas as origens – de zelador a juiz – com o mesmo respeito, cortesia e palavras gentis. Talvez você ceda lugar na fila do supermercado a um cliente apressado, abra um sorriso gentil ao caixa igualmente apressado ou dê a vez a um motorista frustrado que está tentando entrar entre você e o carro da frente.

Neste capítulo, você tem a chance de praticar sua versão do ótimo trabalho, trazer um equilíbrio mais completo a sua vida e espalhar sua mensagem de integração consciente entre vida pessoal e profissional em todas as áreas. Pode considerar o simples, mas significativo, dom de ser altruísta e como isso pode ser feito. Ou pode perguntar que mensagem levar aos outros a partir das mudanças que fez em sua vida sem pregar, dar sermões ou esperar algo em troca. Somos todos basicamente os mesmos seres humanos, espelhos uns dos outros. O que mantemos só para nós se perde; o que damos é nosso para sempre. Quando se faz para o outro, se faz para si. Quando você faz um Ótimo Trabalho para os outros, faz um Ótimo Trabalho para si.

PRATIQUE A CONSCIÊNCIA ABERTA

Quando você reserva um tempo em sua agenda lotada para ficar imóvel, experimenta diretamente sua mente e seu coração coexistindo. Faça uma pausa agora para se relacionar com seu trabalho de forma aberta, sábia e viva.

Com os olhos abertos, em seu escritório ou um lugar particular, sente-se ereto na cadeira ou numa almofada no chão e abra sua consciência, prestando atenção à vivacidade do momento. Talvez você note os sons do trânsito a distância, o zunido de uma abelha através de uma janela aberta ou seu próprio estômago roncando. Pode observar como as sombras dançam na parede, uma árvore balançando com a brisa ou o ângulo da luz do sol brilhando pela janela. Pode sentir o cheiro de algo que está sendo preparado ou o perfume de uma flor, a sensação do tecido, o gosto de uma fatia de maçã. Só continue atento e aberto por mais alguns minutos.

Se surgirem em sua cabeça pensamentos sobre trabalho não finalizado ou sobre o que você tem que fazer depois, gentilmente traga a atenção de volta à respiração e à consciência aberta.

Após ter se imergido no momento presente por algum tempo, transfira sua atenção a sua mente e a seu corpo. Veja como você se sente mais calmo e alerta.

NÃO DEIXE A ALEGRIA PARA DEPOIS

Quando você pensa sobre como a vida é efêmera, o que vem à mente que precisa de atenção? Se pudesse viver de novo, o que faria diferente? Um escritor anônimo respondeu a essa questão com: "Se pudesse viver minha vida de novo, teria falado menos e ouvido mais. Teria acendido a vela em formato de rosa antes de ela derreter no armário. Teria ido para a cama quando estava doente em vez de me preocupar em não faltar ao trabalho."

Pense em três de suas coisas favoritas que lhe trazem alegria. Agora, pergunte-se quando foi a última vez que fez cada uma delas. O que essa informação lhe diz sobre a forma como está levando sua vida? Está vivendo com significado? Ou só vivendo o roteiro dos outros? Ninguém sabe o amanhã, então, se jogue!

TRANSFORME ATRAVÉS DO LUTO BOM

No dia do velório do meu pai, trabalhei enquanto minha mãe e minhas irmãs confraternizavam com vizinhos. Estava enfurnado em meu escritório da universidade a quarenta quilômetros dali, trabalhando num projeto tão insignificante que não lembro mais o que era. Não percebi na hora, mas meu vício em trabalho tinha me deixado entorpecido para o luto.

Ao chegar à vida adulta, a maioria de nós terá perdido alguém importante. Haverá um momento em que é preciso dizer adeus a alguém que se ama. Tirar um tempo para ficar de luto ajuda a sentir e liberar a dor e a mágoa da perda profunda. Se não está em contato com seus sentimentos, o luto pode ser tão avassalador que você mergulha no trabalho para evitar a dor. Mas isso não a faz ir embora. Se você não parar e sentir luto por suas perdas, não terá tempo para se curar. Quanto mais você congela as emoções, mais os sentimentos congelados continuarão a paralisá-lo de formas que você talvez nem perceba.

O que não é transformado através do luto, você transfere aos outros de uma forma ou de outra. Você colocou seu luto no gelo? Se sim, para quem ou para o que precisa dizer adeus? Quando e como você sentirá a perda para poder seguir em frente com sua vida? Quando chegar o momento, reflita sobre cada memória positiva que tem da relação e diga mentalmente: "Dou adeus a essa memória." Depois de libertar cada memória, diga: "Eu me liberto do passado com você, pronto para entrar no presente."

PRATIQUE CAMINHADAS MEDITATIVAS

Tive a sorte de ser guiado em uma caminhada meditativa, junto com mais algumas centenas de pessoas, pelo monge budista Thich Nhat Hanh. A experiência é uma memória que guardarei com carinho. A boa notícia é que você também pode desfrutar da caminhada meditativa. Para muitos, é o equivalente a ir à igreja. Permite que você desapegue de mágoas e preocupações – saia de sua mente e experimente paz interior, gratidão e compaixão.

A seguir, algumas instruções se você quiser tentar. Enquanto caminha, coloque a atenção inteiramente em seus pés e pernas se levantando e tocando o chão. Note seu pé fazendo contato com o interior de seus sapatos e, depois, com a superfície. Foque em um pé e uma perna e às sensações enquanto eles o levam para a frente. Depois mude para o outro pé e a outra perna. Aproveite os sentimentos que o mobilizam. Se notar sua mente indo para outros pensamentos, não tem problema. Só traga sua consciência de volta a percepção de seu pé que se conecta com o chão. Caminhe como se estivesse beijando a terra com os pés. A cada passo, permita-se estar plenamente livre de suas cargas mentais.

PARE DE SE ROTULAR

As formas como enxergamos as mudanças podem fazer diferença. Rótulos são para jarros e comidas congeladas, não seres humanos. Eles nos mantêm presos nos maus hábitos que estamos tentando quebrar. Você não é pessimista, controlador, tristonho ou pão-duro. Talvez esteja tentando se preocupar menos, abrir mão do controle, pensar coisas mais felizes ou economizar dinheiro. Quando você usa linguagem ativa, não estática, está no caminho do Eu Maior com E maiúsculo. Verifique se você usa rótulos para descrever a si ou aos outros. Perceba como o rótulo coloca as pessoas em caixas e impede seu crescimento. Pergunte quais palavras de ação você pode aplicar, depois, preste atenção em como a sensação é melhor e como fica mais fácil relaxar.

VÁ PARA CASA

Onde você está às 19 horas na maioria dos dias durante a semana? Ainda trabalhando? Talvez você fique tão envolvido no trabalho que não para e pensa que alguém precisa de você em casa: um cônjuge, filho, animal de estimação ou talvez pai ou mãe.

Verdade seja dita, é maravilhoso quando alguém nos ama o suficiente para se perguntar onde estamos e querer estar conosco. Que sorte você tem de haver alguém lhe esperando em casa – alguém que anseia por vê-lo – quando tanta gente passa noites solitárias num desespero silencioso. Pare e pergunte quem lhe espera em casa. Você valoriza a espera dessas pessoas ou isso é um peso? Você as ignora ou rejeita regularmente? Ou deixa o amor delas por você derreter seu coração?

VISTA A CAMISA

É difícil para você trabalhar em equipe? Você opera melhor sozinho? Se você governa com punhos de ferro, provavelmente é motivado por medo e perda de status. Relutante em se arriscar para conseguir resultados criativos, talvez tente evitar erros ou encobri-los. Se sim, isso impede que você seja bom em colaborar, delegar ou vestir a camisa. Você acredita que sua abordagem e seu estilo são as melhores respostas e tem dificuldade para considerar "ideias menos perfeitas".

O trabalho em equipe é essencial para o sucesso profissional. Soluções criativas para problemas diversos vêm de uma aproximação colaborativa capaz de gerar várias possibilidades. E aprender a vestir a camisa é essencial para se recuperar da compulsão em trabalho. O remédio é você relaxar sua necessidade de estar no controle e aprender a colaborar. Você pode se tornar alguém que se arrisca criativamente estando disposto a ir além de seus limites costumeiros e um mestre da autocorreção que aprende com seus erros.

Pense em seu desempenho colaborando, delegando ou fazendo parte de uma equipe em seu trabalho. Você é bom em trabalhar em conjunto, autocorrigir-se e assumir riscos criativos? Consegue usar suas habilidades de maneira diferente do que vem utilizando?

BUSQUE A QUIETUDE

Estamos mergulhados numa cultura do século XXI que confunde falar alto com autoridade, gritar com conteúdo. Quando seus pés tocam o chão, você começa a correr contra o relógio e cerrar os punhos com irritação. O caos de suas tarefas o define. Dessa forma, você está sem querer criando seu próprio estresse e preocupação.

Cultivar interesse no que há dentro tanto quanto no que há fora traz silêncio ao barulho do cotidiano. Quando você assume consigo mesmo o compromisso de estar presente, leva seu foco de fazer para ser, e sua vida muda para melhor. Você se conecta com aquele lugar de quietude que vive no fundo de você, um santuário onde pode se refugiar do mundo caótico para se renovar.

Quando foi a última vez que você sentiu a quietude ao seu redor e dentro de si? Sem buzinas soando, sem vozes gritando, sem música alta, sem cortadores de grama. Nem mesmo os berros de seu crítico interior lhe dizendo para ir se ocupar. Só a quietude de sua respiração, a paz de um galho de árvore coberto com a neve que cai suavemente ou uma teia de aranha em que gotas de orvalho da manhã brilham douradas e vermelhas com o reflexo do nascer do sol. Você está disposto a permitir que essas cenas lhe ensinem a quietude?

ILUMINE SEUS PONTOS CEGOS

Às vezes – talvez boa parte do tempo – você tem pontos cegos. Vê o mundo, o seu local de trabalho e os amigos e familiares como você é – não como eles são. Cego às necessidades e perspectivas dos outros, você continua focado em seus planos, olhando para projetos e resolução de problemas. Enquanto segue correndo e usando suas limitações de trabalho, perde muitos dos momentos importantes da vida: aniversários, comemorações, férias e reuniões familiares.

Você deve a si mesmo e às pessoas que ama e com quem trabalha permanecer completamente consciente no dia a dia, atento a momentos de relaxamento, avaliando suas opções e as consequências antes de permitir que compromissos profissionais engulam sua rotina.

Medite sobre quais são seus pontos cegos. O que ou quem você deixou de olhar? Quais limitações precisa remover para trazer mais perspectiva a sua vida e uma integração mais completa entre vida pessoal e profissional?

TIRE A MÁSCARA

Se você é como a maioria dos trabalhadores motivados, finge que é um tomador de decisões poderoso, que tem todas as respostas, que não se abala com as coisas dolorosas que as pessoas dizem, que é calmo em meio à turbulência e que não precisa de mais ninguém na vida. Bem lá no fundo, você sabe que isso não é nem um pouco verdade. Conhece a realidade e está ciente de que é só uma máscara que usa para aguentar o dia.

Depois de anos de mágoa, você empurra seus sentimentos mais para o fundo. Usa a máscara para impedir que os outros vejam quem você realmente é e evitar seus próprios sentimentos. Mergulha mais no trabalho, perdendo totalmente o contato consigo.

Se você quiser relaxar do trabalho frenético, terá de olhar por trás da máscara e se perguntar quais sentimentos estão sufocados. O que é negado? O que não é sentido? Quais necessidades precisam ser atendidas antes que você exploda? Enfrentando seus sentimentos com honestidade, você passa a entender-se como nunca antes. Você cresce e começa a se sentir completamente humano.

que não é. Pergunte-se o que aconteceria se você tirasse a máscara de uma vez por todas e vivesse o hoje como deve ser.

INTUA

Confiar demais em sua mente lógica pode nublar a intuição ou um conhecimento que mora no fundo de seu coração. A intuição é a voz interior suave que lhe fala quando você está imóvel e em silêncio.

Ao buscar integrar sua vida pessoal e profissional, você pode misturar lógica e intuição para criar mais equilíbrio. Essa combinação ajuda a tomar decisões importantes. Quando você consegue ir a um lugar calmo em seu coração e pedir ajuda, sua intuição o guia ao emprego certo, à melhor forma de lidar com um conflito ou a uma forma amorosa de tratar a si mesmo.

Encontre um lugar calmo onde você possa ficar parado e se voltar para dentro. Contemple uma questão com a qual tem dificuldades. Pode ser uma forma de melhorar um relacionamento com um colega de trabalho ou decisões sobre a direção de sua carreira. Com os olhos fechados, faça a pergunta, ouça e tome consciência das respostas que vierem. Não desista se não acontecer de imediato. Seja paciente até conseguir uma resposta.

FAÇA UMA LISTA DE COISAS A SER

Como muitos viciados em trabalho, você é famoso por criar listas de todas as coisas que precisa fazer? Anota tudo, checa duas vezes e se assegura de ticar cada item antes de terminar o dia?

FAÇA UMA LISTA DE COISAS A SER

Como muitos viciados em trabalho, você é famoso por criar listas de todas as coisas que precisa fazer? Anota tudo, checa duas vezes e se assegura de ticar cada item antes de terminar o dia? Fazer listas muitas vezes se transforma em marcar compromissos demais e se comprometer com coisas demais, de modo que você fica o tempo todo correndo contra o relógio.

Mas e se você fizesse uma lista de coisas a ser junto com sua lista de coisas a fazer? O que colocaria nela? Eu tenho o hábito de manter uma lista de coisas a ser. Um item que sempre está lá é estar regularmente ao ar livre, na natureza, e ouvir os sons naturais: cantos de pássaros, insetos nas moitas ou sapos coaxando. Se você começasse sua lista agora, talvez pudesse colocar espaço para se alongar e respirar entre os compromissos ou quinze minutos a cada hora todos os dias para relaxar, se exercitar, se divertir, meditar, rezar, praticar respiração profunda ou só contemplar o universo.

Pense sobre alguns itens que você possa colocar em sua lista de coisas a ser. Anote alguns deles. Quando os fizer, nos próximos dias, faça um tique. Se tiver que adicionar uma nova tarefa à sua lista de coisas a fazer, tire alguma outra e garanta que sua lista de coisas a ser tem um tamanho equivalente, para não ficar sobrecarregado.

EXPERIMENTE A NOVIDADE

Suas rotinas podem ser uma faca de dois gumes. Elas tornam a vida mais fácil e confortável, de alguma forma, e adicionam um

Experimente algumas formas de levar a novidade para seu trabalho ou vida pessoal. Tente coisas novas. Encontre colegas diferentes para almoçar, desenvolva uma nova habilidade ou faça um caminho novo para o trabalho. Ouse ampliar seus pensamentos a cada dia e você alcançará novas alturas.

CELEBRE OS FERIADOS DE VERDADE

A expressão "casado com o trabalho" foi cunhada por um bom motivo, e não conhece barreiras de gênero. Muita gente coloca mais tempo e energia no trabalho do que nos relacionamentos familiares, socialização com amigos, hobbies ou atividades de lazer e recreação. Estudos mostram que jantar toda noite com a família virou tão ultrapassado quanto um dinossauro, com mais de 70% das refeições sendo consumidas fora de casa e 20%, no carro. Feriados são só mais um dia para trabalhar do nascer ao pôr do sol. Enquanto os outros comemoram o Hanukkah, Natal ou Kwanzaa, você provavelmente esquece, ignora ou minimiza feriados, aniversários, reuniões ou encontros.

Feriados e comemorações são a cola que cria coesão familiar. Quando você não observa os rituais, com o tempo, os relacionamentos em família tendem a se desfazer. É importante se lembrar de respirar durante os feriados. Você tem a escolha de participar das festividades e das tradições religiosas de seus feriados, curtir a música, cozinhar comidas especiais ou promover encontros sem ficar preso na loucura dessas datas. Você não precisa exagerar nem se deixar oprimir pelo materialismo e comercialização. Pode decidir como quer comemorar e qual significado e prazer você tira desta época do ano.

DESENVOLVA BONS HÁBITOS

Você pode relutar em admitir que tem hábitos que ajudam e facilitam o vício em trabalho – maus hábitos que gostaria de quebrar ou bons hábitos que gostaria de cultivar para ser capaz de relaxar com mais frequência. Houve uma época em que minhas promessas infinitas de parar de fumar, comer melhor e começar a fazer exercícios se tornavam memórias distantes.

Até eu descobrir a estratégia "Se-então", que me ajudou a cumprir a parte ativa de meus objetivos. Meu plano vago de fazer exercícios foi de "vou me exercitar mais" a "se x acontecer, então, vou fazer y". O x é a situação, e o y é a ação a tomar quando ela ocorre. Conectar minha promessa vazia de fazer exercícios a um plano de ação específico foi mais ou menos assim: "Toda terça e quinta às 8 da manhã vou encontrar meu *personal trainer* na academia e malhar durante uma hora." Essa estratégia fez com que eu me mexesse, e já estou nessa há muitos anos.

Mas por que funciona? A estratégia "Se-então" programa seu cérebro automaticamente com uma vigilância reforçada de estar alerta a uma situação específica ("Se houver algo frito no menu de um restaurante") e à ação que deve se seguir ("vou evitar"). Especialistas dizem que leva um mês para acabar com um hábito antigo e substituí-lo por um novo. Tente colocar a meta de mudar um de seus hábitos estressantes colocando seu objetivo na fórmula "Se-então": Se x acontecer (a situação), então eu farei y (ação).

PARE DE PENSAR DEMAIS

Se você pensa demais, provavelmente passa muito tempo dentro da própria cabeça – repensando excessivamente a mesma coisa.

Talvez questione uma decisão profissional, ensaie uma reunião futura, fique remoendo o comentário de um colega ou repassando mentalmente uma conversa, sofrendo por algo que você disse: "Que coisa idiota eu disse na reunião de ontem do escritório. Todo mundo deve pensar que eu sou um babaca."

Quando você pensa demais em suas ações, é como se deixasse seu sistema de alarme interno ligado 24 horas por dia. É exaustivo e estressante, cria ansiedade e depressão e atrapalha suas interações com colegas de trabalho e pessoas amadas. Quem pensa demais vive cronicamente no passado e conjura imagens catastróficas do futuro. Em vez de resolver problemas, essas pessoas aumentam coisas pequenas e ficam presas em suas mentes. Isso leva à paralisia emocional e inação, e piora a infelicidade.

Se você se pegar ruminando um problema familiar ou profissional, treine-se para mudar o foco do problema para possíveis soluções. Mude sua perspectiva dos pensamentos excessivos e restritos e encontre o cenário mais amplo, que coloca as ideias numa perspectiva mais equilibrada. Lembre-se sempre de que suas concepções são fabricações *suas* e *só* suas. A maioria das pessoas não tem sobre você a mesma perspectiva que você projeta nelas.

ATERRE-SE

Quando você está ocupado o tempo todo, passa muito tempo sem saber o que está acontecendo em seu corpo. A prática de aterrar-se o coloca em contato com sensações corpóreas e amplia sua consciência do presente. Aterrar-se ativa sua reação de descansar e digerir e o acalma em meio ao estresse. Encontre uma posição confortável sentado numa cadeira com encosto. Ereto, perceba como o encosto da cadeira está apoiando suas costas. Leve toda a sua atenção àquela área de apoio e foque ali por um minuto. Então, leve sua atenção aos pés firmes no chão. Preste atenção à sola dos pés e ao toque deles no chão. Foque nessa área por um minuto. Depois, leve sua atenção ao assento da cadeira. Note o apoio na base de sua coluna e foque nessa área por um minuto.

Após se aterrar, tire mais um minuto para notar as sensações de sua respiração, frequência cardíaca e tônus muscular. Muita gente diz se sentir mais relaxada, mais dentro de seu corpo, e que a respiração e a frequência cardíaca desaceleram e o tônus muscular fica mais solto. Agora, tire mais um minuto para sentir seu corpo dos pés à cabeça, colocando a consciência nos locais que mudaram por dentro de maneira positiva. Então, leve sua atenção de volta ao presente e veja como está mais relaxado.

ACABE ASSUNTOS INACABADOS

É um fato da vida. Se você ainda não ficou, algum dia ficará completamente arrasado. Um diagnóstico que não esperava, uma ligação que nunca imaginou ou uma perda que não é capaz de suportar vão encerrar uma situação. Fins podem representar um colapso ou uma epifania – uma oportunidade de crescimento e realização conforme você segue em frente. Ao honrar os fins de sua vida e reconhecer seu impacto, eles o encherão de luto.

A partir do luto, você descobre que está acabando e começando ao mesmo tempo – que de um fim, algo nasce. O Réveillon traz um novo ano. Com o fim do verão, o outono começa. Acabar algo é começar algo. O fim é onde você começa.

Ao seguir em frente, pergunte-se quais pontas soltas em sua vida pessoal e profissional precisam ser amarradas. Depois de acabar o inacabado, nascerão novos começos. Quais emoções há muito contidas precisam de resolução? Quais projetos precisam ser finalizados? E o que precisa acontecer para que seus fins lhe tragam novos começos saudáveis?

RETRIBUA

O passo 12 do Workaholics Anônimos diz: "Havendo um despertar espiritual como resultado desses passos, tentamos levar essas mensagens a outros workaholics e praticar esses princípios em todas as áreas de nossa vida."

Esse passo é um resultado dos outros, conforme você devolve ao mundo o que recebeu. Você se doa livremente, não por obrigação, mas por amor. Talvez se envolva com um programa de assistência aos funcionários no seu trabalho, comece um grupo de discussões para prevenir o esgotamento, aceite ser mentor de um novo colaborador, vire padrinho de alguém no programa de doze passos ou simplesmente pratique os princípios e brilhe como inspiração.

O que você guarda para si, você perde; o que você dá, você mantém para sempre. Colocar os doze passos em prática ajuda a conectar-se de coração depois de trabalhar com a cabeça a maior parte da vida. Relacionamentos ficam mais saudáveis, e pessoas positivas entram em sua vida. Suas ações e atitudes atraem outros que também estão buscando formas de encontrar um equilíbrio saudável entre vida pessoal e profissional. Você compartilha sua mensagem de vício em trabalho e crescimento espiritual sem pregar, dar sermões ou aconselhar, e sem esperar nada em troca. Como resultado de seu despertar espiritual, o ciclo se perpetua. Você se fortalece espiritualmente com as mensagens e a transformação dos outros, que, por sua vez, enriquecem mil vezes mais sua própria vida.

ENSINAMENTOS DE DEZEMBRO

- Celebre ocasiões festivas – e regulares – com pessoas amadas, para ter momentos mais significativos.
- Comprometa-se a remover as limitações, observar seus pontos cegos e ver seu mundo mais claramente.
- Aterre-se durante o dia na consciência corporal, para estar no momento presente.
- Lembre-se de levar a mensagem da integração consciente entre vida pessoal e profissional para outros, aprenda a relaxar e retribuir em todas as áreas de sua vida.
- Acabe assuntos inacabados e recomece com práticas dedicadas de mindfulness, vivendo na consciência do agora.
- Encontre seu santuário interior, onde possa se recolher, ficar imóvel e relaxar a qualquer momento.
- Saia de sua cabeça, desligue seu trabalho e conecte-se com sua vida.

366
RELAXAMENTOS

1º de janeiro Tiro um tempo para fazer inventário de minha vida e monto andaimes temporários.

2 de janeiro Monitoro a vontade dominadora de me sobrecarregar.

3 de janeiro Reflito momento a momento sobre meu eu interior e meu ambiente.

4 de janeiro Pratico autocuidado.

5 de janeiro Admito que tenho falhas e aceito cada uma delas.

6 de janeiro Pratico estar presente por inteiro com meus entes queridos e colegas de trabalho.

7 de janeiro Pergunto a mim mesmo se estou tirando conclusões precipitadas antes de ter previsões negativas de fato.

8 de janeiro Acolho momentos de ócio como presentes.

9 de janeiro Retomo o poder que entreguei a meu trabalho.

10 de janeiro Supero obstáculos profissionais encontrando as oportunidades escondidas nas dificuldades.

11 de janeiro Aceito responsabilidade por meus pensamentos, sentimentos e ações.

12 de janeiro Percebo que quando a vida oferece muitos resultados possíveis, me torno calmo e focado nas tarefas que tenho a cumprir.

13 de janeiro Pratico a paciência e o conforto enquanto espero pelo tempo de incubação de decisões importantes.

14 de janeiro Quebro o hábito de marcar coisas demais.

15 de janeiro Expresso-me de formas que me são naturais.

16 de janeiro Esforço-me para ver os ganhos em minhas perdas e os começos em meus fins.

17 de janeiro Não permito que meu trabalho me sobrecarregue.

18 de janeiro Presto muita atenção em como trato aqueles que amo.

19 de janeiro Olho atentamente para minha vida e começo a fazer mudanças saudáveis.

20 de janeiro Reúno a coragem para aguentar as dores agudas da autodescoberta.

21 de janeiro Valorizo minha vida e aproveito o dia de hoje para não ter arrependimentos amanhã.

22 de janeiro Separo um tempo para conviver com meus problemas com bondade e sem julgamentos.

23 de janeiro Reconheço que não há nada a fazer se não a próxima coisa certa.

24 de janeiro Reflito sobre como posso melhorar minha atitude.

25 de janeiro Experimento as primeiras alfinetadas sem ter reações secundárias a elas.

26 de janeiro Sei onde colocar o limite e vejo isso como um presente para mim e para os outros.

27 de janeiro Continuo a superar momentos difíceis.

28 de janeiro Hoje, eu sou. Ontem, eu era. Amanhã, eu serei.

29 de janeiro Recebo minhas emoções com o coração aberto.

30 de janeiro Determino o que minhas críticas aos outros espelham sobre mim.

31 de janeiro Aceito a vida como ela é.

1º de fevereiro Observo com compaixão e sem julgamento o que estou pensando e sentindo.

2 de fevereiro Atento-me à energia que trago para enfrentar o dia de trabalho.

3 de fevereiro Lembro da sigla FRSC e adoto as medidas necessárias para relaxar.

4 de fevereiro Peço clareza para me poupar de preocupações e estresses desnecessários.

5 de fevereiro Reconheço quando o excesso de trabalho me impede de abrir meu coração aos outros e a mim mesmo.

6 de fevereiro Concedo-me o direito de me concentrar nas coisas verdadeiramente importantes.

7 de fevereiro Pratico mindfulness ao comer e beber.

8 de fevereiro Pratico a gratidão intencional. Quero o que tenho, em vez de querer o que não tenho.

9 de fevereiro Cultivo como quero pensar e sentir.

10 de fevereiro Cultivo a autoaprovação enquanto construo os recursos para enfrentar os desafios do dia a dia.

11 de fevereiro Quero o melhor para mim e afirmo meus esforços como faria com um melhor amigo ou colega.

12 de fevereiro Desligo o alerta vermelho quando estou em casa e desacelero durante o dia.

13 de fevereiro Crio caminhos que levam às minhas esperanças e sonhos.

14 de fevereiro Ofereço minha linguagem do amor às pessoas importantes em minha vida e mando amor na linguagem delas.

15 de fevereiro Compreendo que a sustentabilidade de meu trabalho a longo prazo depende de quanto minha vida é equilibrada agora.

16 de fevereiro Ouço quando meu corpo fala comigo.

17 de fevereiro Escolho com cuidado minha voz interior para confortar, apoiar e construir coragem.

18 de fevereiro Amo-me incondicionalmente.

19 de fevereiro Liberto os pensamentos negativos que fluem por minha mente.

20 de fevereiro Enxergo a minha própria voz como o selo de aprovação final.

21 de fevereiro Esforço-me para viver uma vida com a qual esteja feliz.

22 de fevereiro Olho para além do que posso fazer ou conquistar para afirmar meu valor.

23 de fevereiro Pratico honestidade e confiança em todas as áreas de minha vida.

24 de fevereiro Cultivo abordagens mais intensas para me conectar com minha alma.

25 de fevereiro Lembro-me das bênçãos que se disfarçam de dificuldades.

26 de fevereiro Pergunto não como a vida está me tratando, mas como estou tratando a vida.

27 de fevereiro Desligo-me dos aparelhos eletrônicos para desfrutar dos outros prazeres da vida.

28 de fevereiro Expresso gratidão pela completude que já tenho.

29 de fevereiro Escolho voar em minha busca espiritual.

1º de março Juro cuidar de meu corpo.

2 de março Amplio meu ponto de vista para ver o mundo como ele realmente é.

3 de março Incluo uma boa noite de sono à minha rotina.

4 de março Liberto os pensamentos compulsivos que criam análises desequilibradas.

5 de março Juro tratar minha mente, corpo e espírito com compaixão e respeito.

6 de março Dou a mim mesmo o dom da flexibilidade.

7 de março Uso os obstáculos para tornar-me mais resiliente.

8 de março Não tenho medo de cair.

9 de março Valorizo a grandeza do momento presente, que me conecta comigo e com as riquezas profundas de minha vida.

10 de março Presto atenção às vezes em que meu pensamento cria pontos cegos.

11 de março Escolho usar meu tempo com calma e compaixão.

12 de março Distancio-me das críticas.

13 de março Mostro compaixão para enriquecer ainda mais minha vida.

14 de março Coloco objetivos em cada esfera de minha vida.

15 de março Liberto-me do materialismo e dos elogios.

16 de março Juro passar mais tempo em coisas que são importantes, não apenas urgentes.

17 de março Abro mão da necessidade de impor minha vontade sobre as condições da vida.

18 de março Trato-me como trataria a um melhor amigo.

19 de março Abro mão dos medos de não ser bom suficiente e de perder o controle da minha vida.

20 de março Interajo ativamente com quem depende de mim.

21 de março Deixo a Mãe Natureza me transportar para fora do mundo artificial de eletrônicos e prazos corridos.

22 de março Dou a mim mesmo o privilégio de estar inteiramente presente em cada momento.

23 de março Falo comigo mesmo de forma carinhosa.

24 de março Lembro que tenho acesso à positividade a qualquer momento.

25 de março Pergunto se estou tratando quem amo com a integridade e o respeito que merecem.

26 de março Abro-me à possibilidade de editar ou reescrever minha narrativa.

27 de março Desligo após o trabalho para ser um funcionário, cônjuge e pai ou mãe melhor.

28 de março Liberto-me das armadilhas da mente.

29 de março Sinto o amor como quem eu sou e quem estou me tornando.

30 de março Vejo-me num caminho de cura.

31 de março Uso minha clareza e meu *insight* sobre mim para ver minhas preocupações e frustrações como relicários do passado.

1º de abril Pratico uma conexão consciente com minha respiração para ser mais centrado e produtivo.

2 de abril Traço objetivos mais claros e alcançáveis.

3 de abril Não resisto a nada.

4 de abril Tiro uma folga de atividades do trabalho para fazer coisas que me trazem alegria e satisfação.

5 de abril Dou um período de incubação para minhas ambições profissionais.

6 de abril Abstenho-me de me identificar com pensamentos negativos ou acreditar neles.

7 de abril Enfrento os conflitos com uma mente aberta e compassiva.

8 de abril Não deixo minha voz interior me distrair do momento em que estou.

9 de abril Escolho uma coisa que já fiz e refaço-a de maneira diferente.

10 de abril Encontro beleza no comum.

11 de abril Abro mão de minhas reações negativas quando as coisas não saem como quero.

12 de abril Enfrento preocupação, crítica e medo com coragem.

13 de abril Eu me perdoo.

14 de abril Descongelo emoções congeladas.

15 de abril Entrego-me ao que acontecer.

16 de abril Foco na preocupação como uma parte separada de mim.

17 de abril Vejo cada experiência como oportunidade de crescer em resiliência, amor e gentileza.

18 de abril Esforço-me para trabalhar de forma mais humana.

19 de abril Renovo meu interesse na vida daqueles que amo.

20 de abril Decido o que é essencial para minha eficácia no trabalho e o que a está bloqueando.

21 de abril   Coloco tanto propósito em minha vida pessoal quanto em meu trabalho.

22 de abril   Pergunto o que posso fazer para ser mais gentil com o planeta em que vivo.

23 de abril   Jogo fora velhos ressentimentos.

24 de abril   Melhoro minhas relações profissionais com colegas.

25 de abril   Sou espontâneo, flexível e colaborativo.

26 de abril   Convivo com a incerteza.

27 de abril   Supero meus medos de intimidade e busco aceitação.

28 de abril   Reúno forças nos lugares em que me sinto quebrado.

29 de abril   Celebro os momentos das refeições.

30 de abril   Avalio os traços de personalidade que alimentam meu vício em trabalho sem me desvalorizar.

1º de maio   Entoo para limpar minha mente de pensamentos estressantes sobre o trabalho e meu corpo, de músculos tensos.

2 de maio   Dedico mais tempo à autorreflexão.

3 de maio   Priorizo os exercícios.

4 de maio   Não deixo o estresse profissional invadir meu tempo pessoal.

5 de maio   Tiro um tempo para suavizar meu coração e me conectar comigo mesmo.

6 de maio   Desacelero durante o dia de trabalho.

7 de maio   Aceito minhas múltiplas partes.

8 de maio   Acolho o eustresse que me motiva.

9 de maio   Fico confortável com a serenidade.

10 de maio   Começo cada dia com bravura interior.

11 de maio   Decido viver uma vida mais saudável e equilibrada.

12 de maio   Checo os fatos antes de tirar conclusões para me poupar de preocupações desnecessárias.

13 de maio   Escavo meu Eu Verdadeiro, que foi coberto pelas demandas da vida.

14 de maio   Assumo a liderança da minha vida.

15 de maio   Tomo conta de meus aparelhos eletrônicos, em vez de deixar que eles tomem conta de mim.

16 de maio Tiro folga do trabalho para restaurar minha mente e meu corpo.

17 de maio Fico centrado depois de episódios negativos no trabalho.

18 de maio Reformulo pensamentos negativos, olhando-os de mais de um ponto de vista.

19 de maio Fico consciente de minhas reações mentais ao estresse, sem ceder a ele.

20 de maio Escolho atividades de que gosto.

21 de maio Observo estados emocionais estressantes até o desconforto diminuir.

22 de maio Compartilho meus problemas com pessoas que amo.

23 de maio Desacelero minha vida profissional.

24 de maio Recuso-me a me menosprezar no trabalho ou nos relacionamentos.

25 de maio Coloco o trabalho em um quadrante da vida e preencho os outros três com lazer, autocuidado e relacionamentos íntimos.

26 de maio Uso minha curiosidade como portão para a clareza.

27 de maio Às vezes, coloco o autocuidado antes dos compromissos profissionais.

28 de maio Nunca desistirei.

29 de maio Não sou escravizado por minha agenda de trabalho.

30 de maio Olho tudo com um olhar novo e consciente.

31 de maio Elimino a autoenganação.

1º de junho Presto mais atenção ao meu dia de trabalho e me torno consciente do que está ao redor.

2 de junho Busco o lado positivo de uma situação negativa.

3 de junho Regozijo-me com a sorte dos outros.

4 de junho Vejo minhas falhas como elas são.

5 de junho Tomo atitudes positivas para abrir uma gama de possibilidades.

6 de junho Reconheço que a clareza mental reduz o pensamento preto no branco.

7 de junho Descubro mais coragem em mim.

8 de junho Busco pessoas que apoiam minha recuperação do vício em trabalho.

9 de junho Encontro formas de relaxar.

10 de junho Mando a síndrome do impostor embora.

11 de junho Acalmo minha parte ansiosa.

12 de junho Jogo fora as expectativas rígidas.

13 de junho Vejo que minha vida está se desdobrando exatamente como deveria.

14 de junho Reconheço que mudanças importantes levam tempo.

15 de junho Dou um descanso dos imperativos à minha mente.

16 de junho Experimento a vida com planejamento.

17 de junho Convido o bom-humor ao local de trabalho.

18 de junho Comunico minhas necessidades de forma honesta e direta.

19 de junho Crio amortecedores de choque para minha agenda lotada.

20 de junho Percebo que não tenho de ser um super-humano no trabalho.

21 de junho Busco estrutura espiritual que renove meu senso de significado e propósito.

22 de junho Aprendo a agir e aceito a realidade.

23 de junho Sou eficiente no trabalho sem sacrificar um horário razoável.

24 de junho Tiro tempo para um discurso de encorajamento a mim mesmo.

25 de junho Digo a mim mesmo que sou capaz de suportar quase tudo de inesperado que a vida me apresentar.

26 de junho Faço a distinção entre solidão e estar sozinho.

27 de junho Acalmo-me desafiando as supostas ameaças.

28 de junho Conduzo minha vida pessoal e profissional sem ser combativo.

29 de junho Lembro-me de que sou mais poderoso que minha procrastinação.

30 de junho Permito-me ser bom de verdade.

1º de julho Pratico não fazer nada por vários minutos a cada dia.

2 de julho Faço distinção entre tarefas essenciais e não essenciais.

3 de julho Rejeito o "e se" e o "só se".

4 de julho Não deixo o inesperado da vida ditar meu bem-estar em casa ou no trabalho.

5 de julho Celebro o Dia Nacional dos Workaholics fazendo qualquer coisa diferente de lidar com papelada e computador.

6 de julho Recebo e saúdo o momento presente.

7 de julho Pratico adotar a percepção da "mente de iniciante".

8 de julho Refreio o impulso por dramas no trabalho.

9 de julho Deixo a criatividade fluir sozinha.

10 de julho Observo a conversa desagradável em minha mente com curiosidade, em vez de julgamento.

11 de julho Estou forte e autoconfiante.

12 de julho Meço meu valor por minha habilidade de demonstrar meu Verdadeiro Eu.

13 de julho Deixo o entusiasmo me conduzir durante o dia de trabalho.

14 de julho Equilibro meu excesso de trabalho compulsivo.

15 de julho Lembro que o poder dentro de mim é maior que os obstáculos a minha frente.

16 de julho Cuido de mim de forma terna e amorosa.

17 de julho Faço do trabalho uma estrela, não o sol.

18 de julho Estou no controle de minha mente, não o contrário.

19 de julho Não me apego à perfeição.

20 de julho Percebo que uma visão positiva me empodera com mais confiança.

21 de julho Não tenho mais nada a temer ou esconder.

22 de julho Insiro a vida natural em meu dia de trabalho.

23 de julho Faço boas ações sem esperar receber algo em troca.

24 de julho Aceito a incerteza profissional, pois ela está além de meu controle.

25 de julho Reúno força interior para lidar com os desafios da recuperação do vício em trabalho.

26 de julho Desenvolvo mais fé em minhas habilidades.

27 de julho Desacelero e me dobro à agenda da vida.

28 de julho Recarrego minhas baterias criando uma zona livre de trabalho.

29 de julho Sigo minha vida, em vez de adiá-la.

30 de julho   Arrisco-me e cometo erros.

31 de julho   Estou pronto para remover minhas falhas.

1º de agosto   Esforço-me para viver a vida no presente.

2 de agosto   Torno meus dias de trabalho mais leves, fazendo menos e sendo mais.

3 de agosto   Fico sempre consciente de que minhas palavras podem ferir ou curar.

4 de agosto   Confio que as portas da oportunidade vão se abrir para mim.

5 de agosto   Lembro-me de que existe abundância em minha vida.

6 de agosto   Supero dores emocionais do passado.

7 de agosto   Busco em meu coração as respostas que estou acostumado a procurar em minha mente.

8 de agosto   Liberto-me da rigidez dobrando-me com as curvas.

9 de agosto   Pergunto o que minhas mãos fizeram nos últimos tempos para cuidar melhor de mim.

10 de agosto   Abro mão das coisas menores para abrir espaço para o bem maior.

11 de agosto Uso cada dificuldade como lição para construir minha fortaleza.

12 de agosto Faço *brainstorm* para achar soluções melhores.

13 de agosto Cresço com o que quer que chegue a mim.

14 de agosto Pergunto-me qual vantagem minhas inibições podem me dar.

15 de agosto Faço meu melhor.

16 de agosto Afirmo minhas conquistas.

17 de agosto Lembro que há mais coisas acontecendo ao meu redor e dentro de mim do que sou capaz de perceber.

18 de agosto Exploro as áreas cinzas.

19 de agosto Encontro felicidade interior primeiro.

20 de agosto Desenho a vida que quero.

21 de agosto Trabalho com compaixão e consideração por aqueles a quem sirvo.

22 de agosto Vivo no presente.

23 de agosto Reformulo minha visão.

24 de agosto Levanto uma vez mais do que caí.

25 de agosto Deixo os anseios de meu coração me ensinarem sobre alinhamento com os outros e realização pessoal.

26 de agosto Priorizo minhas conexões com os outros.

27 de agosto Vejo minha vida como algo que vale a pena celebrar.

28 de agosto Coloco limites no trabalho para ter tempo de me divertir.

29 de agosto Passo tempo honrando intencionalmente meu Eu Verdadeiro.

30 de agosto Percebo que tenho todo o tempo de que preciso para fazer o que precisa ser finalizado.

31 de agosto Redimo-me com todos que prejudiquei com meu excesso de trabalho.

1º de setembro Curvo-me a momentos de assombro em minha vida.

2 de setembro Crio momentos especiais com quem amo.

3 de setembro Faço mudanças simples em meu espaço de trabalho para torná-lo mais visualmente atraente.

4 de setembro Examino os hábitos de trabalho que atrapalham meu equilíbrio.

5 de setembro Reconheço que nem sempre sei o que motiva as ações alheias.

6 de setembro Tento enfrentar as raízes de minha compulsão em trabalho.

7 de setembro Evito levar a voz negativa em minha cabeça a sério demais.

8 de setembro Tenho a meu alcance tudo de que preciso para ter sucesso.

9 de setembro Não preciso terminar tudo imediatamente.

10 de setembro Percebo que nem sempre controlo os resultados.

11 de setembro Faço discursos encorajadores a mim mesmo quando estou cheio de dúvidas.

12 de setembro Penso antes de saltar.

13 de setembro Pratico sorrir até que seja natural.

14 de setembro Presto atenção ao meu estresse.

15 de setembro Vivo cada dia como se fosse meu último.

16 de setembro Lembro-me de que nem tudo é uma emergência.

17 de setembro Revisito o programa de doze passos do Workaholics Anônimos para acabar com hábitos de trabalho compulsivos.

18 de setembro Dou mais risada.

19 de setembro Pratico os Dez Mandamentos do Autocuidado.

20 de setembro Evito marcar compromissos demais.

21 de setembro Comprometo-me a parar de alimentar ressentimentos antigos.

22 de setembro Descubro como me amar incondicionalmente.

23 de setembro Valorizo uma vida interior mais rica.

24 de setembro Comprometo-me a participar ativamente de minha família.

25 de setembro Sei que há um limite para o quanto posso esperar.

26 de setembro Dou o tom de meu dia de trabalho criando objetivos diários pessoais que coexistem com os objetivos da empresa.

27 de setembro Meu êxtase vem da conexão com meu Eu compassivo, saudável e espiritual.

28 de setembro Meus instintos criativos vêm de um lugar interior diferente de minha compulsão em trabalho.

29 de setembro Substituo as palavras exageradas como *sempre* e *nunca* por palavras equilibradas como *às vezes* e *frequentemente*.

30 de setembro Transformo os comportamentos ruins em outros mais atenciosos e cuidadosos.

1º de outubro Dedico-me a enxergar meu eu interior regularmente.

2 de outubro Penso e sinto com mais bondade.

3 de outubro Não foco em estar certo.

4 de outubro Reconheço todos que sacrificaram seu tempo para me ajudar.

5 de outubro Transmito minha perspectiva com assertividade gentil.

6 de outubro Estou consciente de hoje.

7 de outubro Mudo minhas tendências workaholics.

8 de outubro Não me apresso em dar significado aos acontecimentos.

9 de outubro Cultivo hábitos de trabalho saudáveis capazes de aumentar meu sucesso.

10 de outubro Abro espaço para situações diárias inesperadas.

11 de outubro Medito sobre criar um novo normal.

12 de outubro Pratico dar meia-volta em vez de esperar que a situação mude.

13 de outubro Envolvo-me com as prioridades.

14 de outubro Abraço as pequenas catástrofes e os grandes desafios.

15 de outubro Não me pergunto como e quando a vida acontecerá.

16 de outubro Saio mais.

17 de outubro Pratico o Ótimo Trabalho.

18 de outubro Simplifico.

19 de outubro Noto meus comportamentos defensivos.

20 de outubro Percebo que uma parte de mim também vive em cada pessoa que encontro.

21 de outubro Busco por provas antes de supor o pior.

22 de outubro Digo mais sim.

23 de outubro Uso o trabalho de forma saudável para criar uma vida completa.

24 de outubro Trago um equilíbrio saudável à minha vida.

25 de outubro Permito-me brilhar.

26 de outubro Reconsidero minha atitude.

27 de outubro Começo a fazer escolhas conscientes momento a momento.

28 de outubro Faço questão de realizar o máximo de sonhos possível.

29 de outubro Reconheço o quanto evoluí.

30 de outubro Procuro motivos para abrir meu coração.

31 de outubro Analiso meus erros e os liberto.

1º de novembro Pratico ioga na cadeira do escritório.

2 de novembro Silencio as vozes críticas em minha mente.

3 de novembro Presto atenção à minha tendência de evitar pessoas e situações desagradáveis.

4 de novembro Acredito no *feedback* de pessoas em quem confio.

5 de novembro Nunca desisto de tentar.

6 de novembro Pratico a Visão Correta em minha vida pessoal e profissional.

7 de novembro Pratico a respiração abdominal consciente.

8 de novembro Reacendo relacionamentos com os outros.

9 de novembro Pauso para compreender minha natureza interna.

10 de novembro Exploro meus recursos internos.

11 de novembro Mantenho-me a distância de acontecimentos que me aborrecem.

12 de novembro Penso sobre o valor inerente que trago ao trabalho.

13 de novembro Encontro *hobbies* que me tragam mais energia.

14 de novembro Estou aprendendo a viver *de dentro para fora*, e não *de fora para dentro*.

15 de novembro Contemplo a dor que aparece em minha vida.

16 de novembro Uso afirmações positivas.

17 de novembro	Estou animado com sucessos futuros.
18 de novembro	Coloco meu ego de lado e deixo meu coração liderar.
19 de novembro	Percebo que a vida não se dobra às minhas expectativas.
20 de novembro	Saio do alerta vermelho constante.
21 de novembro	Vejo como as pessoas que amo trazem valor ao nosso vínculo.
22 de novembro	Não me faço de vítima.
23 de novembro	Abro mão de meus pensamentos viciantes.
24 de novembro	Tento me reconectar com minha alma.
25 de novembro	Tiro um tempo para dizer obrigado a quem realmente importa.
26 de novembro	Rezo pela coragem de libertar meus ressentimentos um por um.
27 de novembro	Estou inteiramente comprometido a abrir mão de ser levado por pressões profissionais.
28 de novembro	Começo a ser pai ou mãe da minha própria criança interna.

29 de novembro Estou aprendendo a abrir mão de crenças falsas.

30 de novembro Busco meditação para melhorar minha experiência da vida além do trabalho.

1º de dezembro Cultivo práticas que me ajudam a me relacionar com o trabalho de forma mais aberta, sábia e viva.

2 de dezembro Vivo minha vida o mais no presente possível.

3 de dezembro Experimento completamente o luto para ele poder me acalmar e curar.

4 de dezembro Sempre tenho a escolha de experimentar a felicidade.

5 de dezembro Considero uma caminhada meditativa para manter-me centrado.

6 de dezembro Tomo consciência de não colocar rótulos nos outros nem em mim.

7 de dezembro Busco um propósito de vida que me dê realização.

8 de dezembro Presto mais atenção a entes queridos.

9 de dezembro Uso meu descontentamento para buscar realizações mais no fundo de mim.

10 de dezembro Abro-me para o fluxo criativo de meus colegas.

11 de dezembro Já não permito que minha agenda profissional me escravize.

12 de dezembro Faço menos.

13 de dezembro Deixo meu entorno me aterrar.

14 de dezembro Identifico meus pontos cegos.

15 de dezembro Confio que tudo me será revelado em seu próprio tempo.

16 de dezembro Tiro uma pedra do muro que construí.

17 de dezembro Esforço-me para não ser arrogante nem metido.

18 de dezembro Não confio demais em minha mente lógica.

19 de dezembro Completo minha lista de coisas para ser com a mesma dedicação com que completo minha lista de coisas a fazer.

20 de dezembro Orgulho-me de uma vida de integridade e presença consciente.

21 de dezembro Sou inspirado pelas pessoas cujo caminho cruzo regularmente.

22 de dezembro	Evito piorar as situações.
23 de dezembro	Comprometo-me a apimentar as coisas.
24 de dezembro	Passo por cada dia com compaixão.
25 de dezembro	Comemoro as festas de formas que fazem sentido para as pessoas que amo.
26 de dezembro	Faço planos sobre quando e onde agirei em direção a meus objetivos.
27 de dezembro	Experimento mais felicidade e alegria.
28 de dezembro	Percebo-me analisando demais um problema e paro.
29 de dezembro	Sinto-me preparado para as rotinas do dia.
30 de dezembro	Curo minhas atitudes tóxicas e acabo assuntos inacabados.
31 de dezembro	Doo-me com liberdade e sem egoísmo.

COMENTÁRIOS DE DESPEDIDA

Cinco minutos por dia no ponto certo

A vida é cheia de possibilidades. Agora que você progrediu pelos doze meses de *Desligue o seu trabalho e ligue a sua vida*, tem tudo de que precisa para levar as possibilidades a cabo e trazer equilíbrio a sua vida. Mas quando chegar o momento em que você pensar que já entendeu tudo... Aí, vai ser hora de começar de novo. O poeta T. S. Eliot disse melhor: "O que chamamos de começo muitas vezes é o fim. E criar um fim é criar um começo. O fim é onde começamos."

Conquistar equilíbrio entre *fazer* (seu trabalho) e *ser* (sua vida pessoal) é uma dança infinita – especialmente numa cultura em que fazer é mais valorizado que ser, e o ditado "mente vazia, oficina do diabo" pisca em seu cérebro como um néon. E somos ensinados a acreditar que quanto mais fizermos, mais valor teremos. Se você é como a maioria das pessoas, continuará a ter dificuldade em achar esse ponto certo – o meio do caminho entre fazer e ser. Os acontecimentos imprevisíveis da vida continuarão o perseguindo e desafiando diariamente. Algumas pessoas (inclusive você) esperarão demais e farão exigências impossíveis de cumprir. A vida não vai sair da forma como você quer, esteja Mercúrio retrógrado ou não. E pressões no trabalho e obrigações familiares o sobrecarregarão. Pode parecer até que, por vezes, o mundo está conspirando contra você. Mas não está.

Esta é a boa notícia: quando você usa as ferramentas para relaxar de dentro para fora, a calma e a realização devolverão seu amor de fora para dentro. Cada vez que você estiver preso no estresse do momento e tirar cinco minutos para dar um passo para trás e encontrar oportunidade na dificuldade, ficará mais forte, calmo e feliz. Que você ache esse ponto certo em que sua vida ocupada coexiste com momentos de ócio – momentos sem imperativos, sem nada para perseguir, consertar ou conquistar. A doçura de não fazer nada só pelo prazer. Apenas minutos de "vários nadas", nos quais residem a paz e a serenidade. E você sussurra a si mesmo o privilégio de estar atento a cada momento.

Bem-vindo ao fim de onde você começa e ao seu novo início. Continue quebrando o oceano congelado dentro de si até revelar uma versão completa de você, piscando seu olho livre e relaxado.

AGRADECIMENTOS

Este livro começou como um enorme monte de argila, esperando para ser moldado e transformado no produto final que você segura agora. Foram necessárias muitas pessoas para me ajudar a moldar as palavras num formato coerente, visualmente agradável, e espero que prazeroso e útil. Não acredito em bruxaria, feitiçaria, vodu ou magia do mal, mas acredito, sim, em mágica – a mágica nas mãos das pessoas talentosas e dedicadas cujo apoio envolveu todo este livro num encanto que o transformou em realidade.

Antes de mais nada, ao meu marido, Jamey McCullers (primo da lendária escritora Carson McCullers): sem seu apoio incondicional, este livro não existiria. Você não herdou o gene da escrita de Carson, mas é um mago em invocar um exótico cenário de vida e beleza, livre de caos e, durante toda a minha carreira de escritor, em falar comigo com uma linguagem de amor de "atos de serviço" – cozinhar, evitar interrupções de nossos três cachorros, colocar orquídeas exóticas de sua estufa em minha mesa, fazer um *pot-pourri* para perfumar a casa com aromas atraentes, trazer-me comidas e bebidas nutritivas e, no geral, manter o carro em movimento. Você é minha poção do amor, e eu te amo.

Meu mais profundo agradecimento a meu agente incansável, Dean Krystek, da Wordlink Literary Agency, por sua crença inabalável neste projeto desde o início e sua perseverança em achar uma casa para este livro. Devo muita gratidão à JKS Communications e meus assessores de imprensa Sara Wigal e Max Lopez, que acompanharam este projeto do início ao fim com conselhos criativos e apoio, e a Abby Felder, por sugerir que eu colocasse uma hashtag em frente ao *Chill* como título original deste livro.

Uma grande saudação a meu editor, John Paine, que suavizou minhas palavras, tornando-as mais fáceis e claras ao leitor. E a todos os meus colegas e amigos da International Thriller Writers, que fazem o melhor trabalho dentro de todas as associações que conheço em apoiar escritores aspirantes, estreantes e experientes: Kimberley Howe, Jenny Milchman, Lee Child, Nancy Bilyeau, Dawn Ius, Steve Berry, M. J. Rose, Wendy Tyson, Barry Lancet, Elena Hartwell e Sheila Sobel.

Quero agradecer a meu conselheiro técnico, Charlie Covington, por sua ajuda de mestre em formatar o manuscrito e sua orientação sobre internet e assuntos eletrônicos. Um alô ao fotógrafo Jon Michael Riley por seu tempo generoso e a criatividade genial com a fotografia minha e de Hudson na capa. E sou profundamente grato à maravilhosa equipe da HarperCollins/William Morrow. Obrigado por acreditar em mim. Foi uma alegria trabalhar com: Lisa Sharkey, vice-presidente sênior; Anna Montague, minha editora; e Julie Paulauski, minha assessora de imprensa na editora. Sua animação e seu talento são contagiosos e colaboraram muito com o produto final.

Estendo meu agradecimento a todos os escritores talentosos de gêneros diversos que dedicaram seu tempo valioso a ler o manuscrito e escrever uma crítica breve quando podiam estar criando suas próprias obras: Alanis Morissette, Harville Hendrix, Tara Brach, Amit Ray, Professor Mark Leary e Peg O'Conner.

A meus queridos amigos e familiares, que me acolhem e apoiam nos desafios diários enfrentados por todos os escritores: Jamey McCullers, Lynn Hallman, Glenda Loftin, Karen DuBose, Rick Werner, Edward Hallman, Debra Rosenblum, Martha Strawn, Bill Latham, Sarah Malinak, Edith Langley, Robbins Richardson e Janet Bull.

E, finalmente, a todos vocês que estão enfrentando a panela de pressão que é o mundo e o vício insidioso e malcompreendido em trabalho e tentando encontrar equilíbrio na vida – uma cultura que parece nos fazer ir mais rápidos, mais furiosos e mais frenéticos na direção do abismo de uma vida sã e saudável. Que este livro lhes traga a doçura de não fazer nada – momentos para relaxar, viver no presente e saborear a vida ao máximo.